Jelko Peters

Verschwörungstheorien im Geschichtsunterricht

KLEINE REIHE
GESCHICHTE
DIDAKTIK UND METHODIK

Jelko Peters

Verschwörungstheorien im Geschichtsunterricht

Bibliografische Information der Deutschen Nationalbibliothek

Die Deutsche Nationalbibliothek verzeichnet diese Publikation in der Deutschen Nationalbibliografie; detaillierte bibliografische Daten sind im Internet über http://dnb.d-nb.de abrufbar.

Die Kleine Reihe Geschichte wird herausgegeben von Bernward Debus, Bettina Degner, Saskia Handro und Christoph Kühberger

www.wochenschau-verlag.de

Titelgestaltung: Ohl Design
Umschlagbild: © Berit Kessler/stock.adobe.com
Gesamtherstellung: Wochenschau Verlag
ISBN 978-3-7344-1624-8 (Buch)
E-Book ISBN 978-3-7566-1624-4 (PDF)
ISSN 2749-1463
eISSN 2749-1471
DOI https://doi.org/10.46499/1367

Inhalt

Einleitung

Fallbeispiel: Die Diskussion über den Politiker Hans-Georg Maaßen

Während der sonntäglichen Talkshow „Anne Will“ vom 9.5.2021 wirft die Politikerin und Vertreterin von „Fridays for Future“ Luisa Neubauer dem damaligen Kanzlerkandidaten der CDU, Armin Laschet, vor: „Sie legitimieren rassistische, antisemitische, identitäre und übrigens auch wissenschaftsleugnerische Inhalte verkörpert durch Hans-Georg Maaßen“ (dpa/Tagesspiegel 2021). Laschet verteidigt den umstrittenen Parteifreund und fordert Belege ein: „Maaßen ist nicht Antisemit, er verbreitet auch keine antisemitischen Inhalte“ (von Marschall 2021). Würde er dies tun, liege ein Grund für einen Parteiausschluss vor.

Den Beleg für einen Antisemitismus Maaßens bleibt Neubauer in der Sendung schuldig. Der anschließende Wirbel in den Medien um ihre Äußerungen ist groß und kontrovers. Neubauer präzisiert zeitnah gegenüber dem „RedaktionNetzwerk Deutschland“ (RND) ihre Sicht auf Maaßen und seine mögliche Nähe zum Antisemitismus. So stellt sie einerseits klar, dass „Herr Maaßen selbst ein Antisemit ist, habe ich nicht gesagt“ (Sternberg 2021), andererseits macht sie deutlich: „Herr Maaßen hat vor allem über seinen Twitter-Account auf die Plattform The Unz Review verlinkt. Deren Gründer Ron Unz hat öffentlich den Holocaust in Frage gestellt. Außerdem verwendet Herr Maaßen unter anderem auf seinem Twitter-Profil wiederholt problematische Begriffe, wie z.B. Globalisten. Dieser Begriff wird auch von der CDU-nahen Konrad-Adenauer-Stiftung als international verstandener Code von Rechtsextremisten bezeichnet. Als langjährigem Präsidenten des Verfassungsschutzes müssten ihm solche ‚Codes‘ bekannt sein“ (Sternberg 2021).

Verwendung von antisemitistischen Codes und verschwörungstheoretischen Verweisen

Dass Maaßen problematische Begriffe verwendet, bestätigt der Journalist Christoph Koopmann, der darlegt, Maaßen habe zwar auf seinem Twitter-Profil keine Äußerungen gepostet, die als explizit antisemitisch zu bezeichnen wären, aber durchaus „Codes“ verwendet, die der Verschleierung antisemitischer Ideologie dienten. So nutzt Maaßen – wie Neubauer auch erwähnt – den Begriff „Globalisten", der von Antisemiten im Kontext einer Verschwörungstheorie vom „Globalisierungsplan" genutzt wird, nach der die Nationalstaaten von „den Juden" aufgelöst werden sollen, und den Begriff „Great Reset", der als Programm einer angeblichen „jüdischen Weltverschwörung" verstanden werden kann, das bestehende Wirtschaftssystem etwa mittels Corona zu zerstören. Zudem retweetete Maaßen Posts von Bloggern oder Plattformen, die antisemitische Inhalte verbreiten (vgl. Koopmann 2021). In der Summe dieses Verhaltens in der Öffentlichkeit kommt der Präsident des Thüringer Amtes für Verfassungsschutz, Stephan Kramer, zu dem Schluss, Maaßen verbreite „antisemitische Stereotype" (Duwe & Puhl 2021).

In seinen Äußerungen und Postings weist Maaßen die Vorwürfe zurück. Allerdings erklärt er weder, wie er etwa die Begriffe „Globalisten" oder „Great Reset" versteht, noch begründet er stichhaltig, warum er in Organen und auf Plattformen des rechten Rands publiziert. Als ehemaliger Präsident des Verfassungsschutzes kann er sich nicht auf Unwissenheit hinsichtlich der antisemitischen Bedeutung der „Codes" berufen. Vielmehr schien er im Wahlkampf aus bewusstem politischen Kalkül am rechtsextremen Rand nach Stimmen fischen zu wollen, ohne offen eine antisemitische Position zu vertreten, die seine politische Karriere zumindest in der CDU beenden würde.

Dass die schwammige, rechtsextreme und antisemitische Positionen goutierende Haltung als äußerst problematisch und gefährlich anzusehen ist, wird an den Aussagen Neubauers sichtbar, die zwar einen konkreten Vorwurf, Maaßen sei ein Antisemit, nicht wiederholt bzw. zurücknimmt, aber zusammenfassend konstatiert: „Mich beunruhigt in dieser Zeit persönlich sehr, dass Diskriminierung, Verschwörungsmythen und Wissenschaftsleugnung salonfähig gemacht werden" (Sternberg 2021).

Verschwörungstheorien im politischen Diskurs

Sie ordnet damit das Verhalten Maaßens in einen populistischen, politisch-autoritären Kontext ein, in dem man sich sog. alternativer Fakten, Fake News und eben Verschwörungstheorien bedient, um politische und publizistische Erfolge zu erzielen. Zugleich untergraben und bedrohen die Vertreterinnen und Vertreter von Verschwörungstheorien auf diese Weise den demokratischen und wissenschaftsorientierten Diskurs sowie die offene Gesellschaft, wenn sie einfache Lösungen anbieten, wo die Komplexität der Offenheit und der Freiheit sowie die damit einhergehende Verantwortung als Belastung und Zumutung empfunden wird (vgl. Carius/Welzer/Wilkens 2016, S. 8).

Der Politiker Maaßen steht hier exemplarisch für eine Reihe von populistischen, autoritären und extremen Politikerinnen und Politikern, die sich Verschwörungstheorien, Fake News etc. bedienen. Das Verhalten Neubauers zeigt, wie wichtig es ist, dass Bürgerinnen und Bürger von ihren politischen Rechten Gebrauch machen, um die Demokratie und die offene Gesellschaft zu verteidigen, und das Verhalten von Politikerinnen und Politikern wie Maaßen kritisieren und zurückweisen. Im Falle Maaßens erwies sich die Demokratie als wehrhaft. Während sich die CDU-Spitze über Maaßens publizistisches Verhalten ausschwieg, verpassten die Bürgerinnen und Bürger Maaßen eine deutliche Niederlage bei der Bundestagswahl 2021. Ungeachtet der Wahlschlappe verschwand Maaßen nicht von der politischen Bildfläche. Im Januar 2023 wurde er zum Chef der umstrittenen rechtskonservativen Werteunion gewählt.

Geschichtsdidaktische Ziele im Umgang mit Verschwörungstheorien

Welche Konsequenzen ergeben sich aus dem Fall Maaßen und allgemeiner aus dem Zusammenspiel von Verschwörungstheorien, der Verwendung von antisemitischen Codes und Antisemitismus für den Geschichtsunterricht? Um als Demokratie wehrhaft zu sein, sollten die Schülerinnen und Schüler entsprechend mit Verschwörungstheorien, Antisemitismus und antisemitischen Codes umgehen können.

Dem Geschichtsunterricht kommt als historisch-politischem Fach auf der Basis des Grundgesetzes die didaktische Aufgabe und Pflicht zu, den Schülerinnen und Schülern das erforderliche Wissen und methodische Instrumentarium an die Hand zu geben, um als geschichtsbewusste Vertreterinnen und Vertreter unserer Demokratie und offenen Gesellschaft diese gegen ihre Feindinnen und Feinde zu verteidigen. Dazu gehört, dass Schülerinnen und Schüler Kenntnisse über Verschwörungstheorien und die mit ihnen verbundenen Problematiken erwerben. Schülerinnen und Schüler benötigen Sachwissen, geschichtsmethodische und mediale Kompetenzen, um Verschwörungstheorien und ihre Codes zu erkennen und zu dechiffrieren, um sich nicht von einem Verschwörungsdenken etwa durch Framing vereinnahmen zu lassen.

Übersicht zum Buch

Einen kleinen Beitrag zu diesem (geschichts-)bewussten medialen Handeln im Sinne des Grundgesetzes will dieses Büchlein leisten. Dazu wird zunächst fachlich vorgestellt, was Verschwörungstheorien sind (Kap. 1). Nach einer geschichtsdidaktischen Verortung der Verschwörungstheorien (Kap. 2) und einer Beschreibung möglicher Interessen und Motive Jugendlicher, sich mit Verschwörungstheorien zu befassen (Kap. 3), wird eine Auswahl von historischen Verschwörungstheorien und Verschwörungstheorien über Historisches vorgestellt, die im Geschichtsunterricht thematisiert werden könnten (Kap. 4). Der Übersicht, wie man als Lehrkraft gemeinsam mit den Schülerinnen und Schülern Verschwörungstheorien im Unterricht thematisieren kann (Kap. 5) folgt eine Beispielanalyse einer Verschwörungstheorie über die Spanische Grippe (Kap. 6).

1. Was sind Verschwörungstheorien?

Gegenstand und Begriff

Verschwörungstheorien als inter- und transdisziplinärer Gegenstand der Wissenschaften

Der Gegenstand Verschwörungstheorie lässt sich nicht eindeutig einer wissenschaftlichen Disziplin zuordnen. Religion, Philosophie, Psychologie, Literatur, Erzähltheorie, Medien, Pädagogik, Politik, Soziologie, Geschichte sind Wissenschaften, die sich fast gleichermaßen mit Verschwörungstheorien auseinandersetzen. Die Beschäftigung mit Verschwörungstheorien geschieht dabei interdisziplinär und transdisziplinär. Aus einer allgemeindidaktischen Perspektive eignet sich der Gegenstand Verschwörungstheorien für einen fächerübergreifenden und fächerverbindenden Unterricht.

Aufgrund des vielfachen disziplinären Zugriffs nimmt es nicht wunder, dass bisher keine eindeutige, allgemein anerkannte Definition des Begriffs Verschwörungstheorie erstellt wurde (vgl. Mischer 2020, S. 10). Sprachlich ist der Begriff Verschwörungstheorie ein Kompositum, das sich aus dem Grundwort „Theorie" und dem Bestimmungswort „Verschwörung" zusammensetzt.

Zum Begriff Verschwörung

Eine Verschwörung oder Konspiration stellt eine in der Regel kleine Gruppe dar, die versucht, als Verschwörerinnen und Verschwörer im Verborgenen in einer kurzen Zeit ein gemeinsames Ziel zu erreichen. Verschwörungen gehören zum sozialen und politischen Alltag. Fast jede oder jeder war schon einmal Teil einer Verschwörung. So verschwören sich Kinder gegen ihre Eltern, um etwa mehr Taschengeld oder Internetzeit zu erhalten oder ein Missgeschick zu verdecken. Bekannte Verschwörungen in der Geschichte sind die Ermordung Caesars oder das Attentat am 20.7.1944. Konspirationen sind real, das heißt, man kann sie aufdecken, indem man die Verschwörerinnen und Verschwörer benennt, ihre Taten feiert oder verurteilt. Eine bedeutende Verschwörung wird „zum historischen Ereignis, das Eingang findet in die Geschichtsbücher“ (Hagemeister 2004, S. 90).

Zum Begriff Verschwörungstheorie

Anders verhält es sich mit Verschwörungstheorien. Der Terminus „Theorie“ bereits verweist darauf, dass eine „Verschwörung“ konstruiert wird. Innerhalb dieser Konstruktionen erfährt der Begriff der Verschwörung eine bedeutende einschränkende Zuschreibung. Während Ziel und Wesen der Verschwörerinnen und Verschwörer in einer Verschwörung nicht von vornherein als gut oder schlecht festgelegt sind, so gelten die Verschwörerinnen und Verschwörer innerhalb einer Verschwörungstheorie per se als gefährlich und hegen grundsätzlich böse Absichten (vgl. Skudlarek 2019, S. 61). Michael Butter erklärt, dass in der Vorstellung der Verschwörungstheoretikerinnen und -theoretiker „eine im Geheimen operierende Gruppe, nämlich die Verschwörer, aus niederen Beweggründen versucht, eine Institution, ein Land oder gar die ganze Welt zu kontrollieren oder zu zerstören“ (Butter 2018, S. 21).

Weitere Termini für Verschwörungstheorie

Bereits durch diese präjudizierende Einstellung sind Verschwörungstheorien als nichtwissenschaftlich diskreditiert. Aber auch darüber hinaus erfüllen Verschwörungstheorien nicht den Anspruch einer wissenschaftlichen Theorie. Denn sie sind „nicht das Ergebnis eines wissenschaftlichen Prozesses, sondern scheitern meist bereits an sehr elementaren Prinzipien der Theoriebildung“ (Götz-Votteler & Hespers 2019, S. 36), zu denen etwa der korrekte Umgang mit den Quellen und Multiperspektivität zählen. Aus diesem Grund ersetzen einige Forscherinnen und Forscher innerhalb des Konstrukts „Verschwörungstheorie“ das Grundwort „Theorie“ durch „Mythos“, „Hypothese“, „Ideologie“, „Erzählung“, „Legende“, „Denken“, „Glauben“ oder „Gerücht“. Sie kommen dabei zu punktuellen Präzisierungen des Gegenstandes, wenn etwa dargelegt wird, dass nach Pfahl-Traughber eine Verschwörungshypothese widerlegt werden könne, dagegen seien Verschwörungsmythen und Verschwörungsideologien nicht mehr korrekturfähig. Ein Verschwörungsmythos beziehe sich auf erfundene Gruppen, eine Verschwörungsideologie mache monokausal eine angenommene Verschwörung für eine Entscheidung oder ein Ereignis verantwortlich (vgl. Mischer 2020, S. 11). Diese Bezeichnungen werden allerdings nicht trennscharf verwendet. Wippermann etwa setzt Verschwörungstheorien und Verschwörungsmythen gleich und bezeichnet sie aufgrund ihres ideologischen Charakters, der in dem Glauben besteht, in jeglichem Übel der Welt mit dem Teufel als den Bösen schlechthin und seine Agenten des Bösen als Verantwortliche auszumachen, als Verschwörungsideologien (vgl. Wippermann 2010, S. 7 f.).

Verschwörungsmythos, Verschwörungsideologie, Verschwörungserzählung, Verschwörungsdenken, Verschwörungsglauben

Die Begriffe Verschwörungsdenken, Verschwörungsmythos und Verschwörungsglauben rücken die Verschwörungstheorien intentional aus dem Begriffsfeld der anerkannten Wissenschaften. Sie nehmen dem Terminus Verschwörungstheorie die Neutralität und die Wissenschaftlichkeit, der dem Begriff Theorie per se innewohnt, indem sie das Unsichere und empirisch nicht Fundierte oder zu Ermittelnde eines Mythos, Denkens oder Glaubens betonen.

Gänzlich fiktiv – allerdings im Unterschied zu einer Verschwörungsideologie auch politisch harmlos – erscheinen Verschwörungstheorien in dem Gewand einer Verschwörungserzählung oder Verschwörungslegende.

Nicht immer werden die Konstruktionen um eine Verschwörung zu einer umfassenden Verschwörungstheorie ausgebaut, vor allem im Internet kursieren Verschwörungsgerüchte, die auf Ungereimtheiten aufmerksam machen oder Zweifel an offiziellen Darstellungen schüren wollen, aber keine konkreten Verschwörerinnen und Verschwörer benennen oder Belege oder Beweise liefern (vgl. Butter 2018, S. 199 und Impelmanns 2020, S. 85).

Bis auf wenige Ausnahmen hat sich der Terminus Verschwörungstheorie im wissenschaftlichen und öffentlichen Diskurs etabliert (vgl. Mischer 2020, S. 11). Der Begriff wird nicht neutral, sondern abgrenzend und auch stigmatisierend verwendet. Wer ihn nutzt, bringt seine Distanz zu den Inhalten und Schlüssen der Verschwörungstheorie zum Ausdruck. Kaum jemand bezeichnet sich selbst als „Verschwörungstheoretikerin“ oder „Verschwörungstheoretiker“ (vgl. zum Begriff ausführlich Butter 2018, S. 21–56).

Vor allem der Umstand, dass der Begriff Verschwörungstheorie Einzug in den medialen Alltag genommen hat, die Wissenschaften an ihm festhalten und die übrigen Komposita polyvalent verwendet werden, führt dazu, weiterhin den Terminus Verschwörungstheorie für die folgenden Überlegungen und den Geschichtsunterricht zu gebrauchen.

Deutungsmuster und Prinzipien

Verschwörungstheoretisches Deutungsmuster

Vertreterinnen und Vertreter von Verschwörungstheorien geben vor, investigativ zu handeln, indem sie eine angebliche Verschwörung aufdecken oder eine bereits vorhandene Verschwörungstheorie weiter unterstützen und fortschreiben. Nach den Soziologen Andreas Anton und Michael Schetsche besteht das „verschwörungstheoretische Deutungsmuster" darin, dass scheinbar ungeklärte, irritierende oder verängstigende Prozesse und/oder Ereignisse als Folge einer Verschwörung gedeutet und beschrieben werden. Diese konstruierte Verschwörung wird als Bedrohung und Gefahr für einzelne Individuen, Gruppierungen, Staaten oder auch die ganze Welt empfunden (vgl. Anton & Schetsche 2020, S. 104). Die in den Verschwörungstheorien ausgemachten Verschwörerinnen und Verschwörer agier(t)en wie bei jeder anderen Verschwörung im Geheimen, allerdings sind jene im Kontext von Verschwörungstheorien stets negativ konnotiert. Die Hinterfrauen und Hintermänner vertreten das Böse, sie wollen Schaden anrichten. Verschwörungstheorien sind von dem Dualismus von Gut und Böse geprägt. In diesem Zusammenhang ist die Frage von Bedeutung, in welcher Position sich die vermeintlichen Verschwörerinnen und Verschwörer befinden. Handeln sie etwa von unten, indem sie versuchen, die Institutionen eines Staates zu unterwandern, wie man Juden und Freimaurern vorgeworfen hat? Oder handeln sie als Mächtige von oben und versuchen die (unschuldige) Bevölkerung (weiter) zu unterdrücken? Relevant ist zudem der Aspekt, ob die vermeintlichen Verschwörerinnen und Verschwörer von innen oder von außen heraus agieren, wobei „Verschwörungen von außen fast immer auch als Verschwörungen von unten imaginiert" werden (Butter 2018, S. 31).

Verschwörung und Bedrohung werden in den Verschwörungstheorien mit den dazu passenden Konstruktionen dargestellt. Der mit der vermuteten Verschwörung verbundene „Skandal“ ruft entsprechende negative Emotionen wie Misstrauen, Empörung, Wut und Zorn hervor und appelliert zum Handeln gegen die Verschwörerinnen und Verschwörer (vgl. Anton & Schetsche 2020, S. 104 f.).

Wahrheitsgehalt von Verschwörungstheorien

Anton und Schetsche betonen, dass aus wissenssoziologischer Sicht „der Wahrheitsgehalt von Verschwörungstheorien nicht *per definitinonem* festgelegt werden kann, da dieser immer vom jeweiligen historisch höchst variablen Stand der diskursiv ausgehandelten Wahrheitsbestimmung abhängig ist“ (Anton & Schetsche 2020, S. 99). Sie unterscheiden daher zwischen heterodoxen Verschwörungstheorien, die von der Mehrheit der Bevölkerung, der Medien und Deutungsinstanzen nicht anerkannt und nicht legitimiert werden und den orthodoxen Verschwörungstheorien, die als legitimes Erklärungsmodell anerkannt werden (Anton & Schetsche 2020, S. 99). Diese Differenzierung ist für die Geschichtswissenschaft und die Geschichtsdidaktik von Relevanz, da sich die Einstellung zu Verschwörungstheorien im Laufe der Moderne wandelte. So waren Verschwörungstheorien seit der Frühen Neuzeit, während der Aufklärung und im 19. bis in die Mitte des 20. Jahrhunderts legitimes Wissen. Erst nach dem Zweiten Weltkrieg erfuhren Verschwörungstheorien eine Delegitimierung und Stigmatisierung und damit einen Wandel „von orthodoxem zu heterodoxem Wissen“ (Butter 2018, S. 152). Dieser Prozess hat nach Anton und Schetsche zu einem sekundären Deutungsmuster geführt: „Während das verschwörungstheoretische Deutungsmuster die Panik vor Verschwörungen widerspiegelt, spiegelt das Deutungsmuster ‚Verschwörungstheorie‘ die Panik vor Verschwörungs*theorien* wider“ (Anton & Schetsche 2020, S. 105). Dieser überspitzt formulierten Vorstellung einer „Panik vor Verschwörungstheorien“ wird hier nicht gefolgt. Vielmehr sehe ich es als politische Aufgabe der legitimen Wissenschaften und daraus abgeleitet der Geschichtsdidaktik und damit auch des Geschichtsunterrichts an, Position gegen Verschwörungstheorien zu beziehen. Denn Verschwörungstheorien helfen nicht, Wahrheiten bzw. Verschwörungen ans Tageslicht zu bringen, da sich „noch nie eine Verschwörungstheorie im Nachhinein als wahr herausgestellt" hat (Butter 2018, S. 37). Tatsächlich untergraben die Verbreiterinnen und Verbreiter von Verschwörungstheorien die methodisch vielfältigen und komplexen wissenschaftlichen Zugänge zur Wirklichkeit. Insofern wird aus der „Panik vor Verschwörungstheorien" ein Gebot der Aufklärung, die Schülerinnen und Schüler über die negativen Folgen von Verschwörungstheorien zu unterrichten.

Widerstreit zwischen orthodoxen wissenschaftlichen Darstellungen und heterodoxen Verschwörungstheorien

Der Antagonismus zwischen den anerkannten legitimierten wissenschaftlichen orthodoxen Darstellungen und den heterodoxen Verschwörungstheorien ist deutlich und prägt den jeweiligen Blick aufeinander. So wie die legitimierten wissenschaftlichen orthodoxen Darstellungen wie die Geschichtswissenschaft und Geschichtsdidaktik Verschwörungstheorien als fiktive, auf irrigen Vermutungen beruhende, nicht triftige, nicht kohärente und unwahre Darstellungsform, von denen in den meisten Fällen eine irrationale, demokratiefeindliche, antisemitische und rechtsextreme politische Bedrohung ausgeht, ablehnen (müssen), so bezweifeln Verschwörungstheorien prinzipiell den Wahrheitsgehalt der orthodoxen Wissenschaften und damit auch der Geschichtsschreibung.

Prinzipien von Verschwörungstheorien:
1. „Nothing is as it seems."
2. „Nothing happens by accident."
3. „Everything is connected."

Verschwörungstheorien misstrauen grundsätzlich wissenschaftlich geschöpftem und empirisch abgesichertem Wissen oder legimitierten, orthodoxen Darstellungen, da ihrer Ansicht nach alles auch ganz anders sein könnte: „Nothing is as it seems" (Barkun 2013, S. 4). Ein weiteres Kennzeichen von Verschwörungstheorien ist ihr Intentionalismus, der nach Barkun in dem verschwörungstheoretischem Prinzip „Nothing happens by accident" (Barkun 2013, S. 3) seinen Ausdruck findet. Das durch das Ausbleiben des Zufalls mögliche Aufdecken von großen Zusammenhängen führt schließlich zu einem weiteren Prinzip der Verschwörungstheorien, das Barkun eruiert hat: „Everything is connected" (Barkun 2013, S. 4). Alles hängt miteinander zusammen. So glauben Anhängerinnen und Anhänger der Verschwörungstheorie von der „Neuen Weltordnung“ bzw. „New World Order“, dass eine verschwörerische Elite die gesamte Weltbevölkerung unterwerfen will. Hinter dieser Elite sollen sich Außerirdische, Juden, Illuminaten und andere Geheimgesellschaften verbergen. Es werden in die Verschwörungstheorie von der Neuen Weltordnung nicht nur vorhandene Verschwörungstheorien aufgenommen, die angeblich zeigen, wie etwa Juden, Illuminaten und Außerirdische zusammenarbeiten, sondern viele Ereignisse können als Ausdruck des Willens dieser Elite erklärt werden (etwa der vermeintlich absichtlich herbeigeführte Ausbruch der Corona-Krise, um die Bevölkerung zu unterjochen oder gar auszutauschen).

Umgang mit wissenschaftlichen Standards in Verschwörungstheorien

Das verschwörungstheoretische Deutungsmuster und die Prinzipien von Verschwörungstheorien haben Auswirkungen auf die Gestaltung der Texte bzw. Medien, in denen Verschwörungstheorien dargelegt werden. Um als Theorie und damit wie ein wissenschaftlicher Text wirken zu können, wird Verschwörungstheorien meistens ein wissenschaftliches Kleid mit investigativen und reportagehaften Elementen angelegt; sie kennzeichnet oft eine übermäßige Fülle von Fußnoten, Zitaten, Links, etc. (vgl. Scharloth/Obert/Keilholz 2020, S. 193).

Trotz der wissenschaftlichen äußeren Form erfüllen Verschwörungstheorien nicht den wissenschaftlichen Standard einer unvoreingenommenen Herangehensweise, die versucht, zu einer Fragestellung Hypothesen methodisch passend und korrekt zu überprüfen, Argumente und andere Forschungsergebnisse zu integrieren und abzuwägen und die eigenen Ergebnisse kritisch zu reflektieren. Der Wissenschaftlichkeit steht nicht nur der in den Verschwörungstheorien vertretene oder implizite Dualismus von Gut und Böse im Wege. Sie gehen deduktiv von der Existenz der Verschwörung aus. Statt auf Kontroversen oder Gegenpositionen einzugehen oder Unsicherheiten einzugestehen, greift man auf das Mittel der Gegenüberstellung und des Vergleichs zurück (vgl. Kap. 4 und 6). Eine wie auch immer geartete Schuld wird dabei oft den „Anderen“ zugeschoben. Das Vetorecht der Quellen oder Widersprüche werden kaschiert oder als

Vernebelung zurückgewiesen, da jene aus der Sicht der Verschwörungstheorie verhindern wollen, dass die „Wahrheit" sichtbar wird. Verschwörungstheorien erscheinen folglich oft über die Maßen kohärent und schlüssig. Im Unterschied zu wissenschaftlichen Texten bedienen sich Verschwörungstheorien eines (teilweise sehr) wertenden Sprachgebrauchs (vgl. Kap. 6: „Jahrhundertlüge Spanische Grippe").

Typen von Verschwörungstheorien:
1. Ereignisverschwörungstheorie
2. Systemverschwörungstheorie
3. Superverschwörungstheorie

Ihren Ausdruck finden Verschwörungstheorien nach Barkun in drei verschiedenen Typen. Er unterscheidet zwischen „Event conspiracies" („Ereignisverschwörungstheorien"), die sich auf ein punktuelles Ereignis wie das Kennedy-Attentat oder die Terroranschläge vom 11. September 2001 konzentrieren, „Systemic conspiracies" („Systemverschwörungstheorien"), die einer Personengruppe wie Juden, Kommunisten, Freimaurern, Illuminaten unterstellen, über einen längeren Zeitraum hinweg Gruppierungen, Institutionen und Staaten zu infiltrieren, um an die Macht zu gelangen, und schließlich „Superconspiracies" („Superverschwörungstheorien"), bei denen mehrere Verschwörungstheorien zu einer neuen Verschwörungstheorie verschmelzen wie etwa bei der „jüdisch-kommunistischen Weltverschwörung" oder der Vorstellung, dass außerirdische Reptilien für alle möglichen Ereignisse oder Gruppierungen verantwortlich sind, über die Verschwörungstheorien existieren (vgl. Barkun 2013, S. 6 und Butter 2018, S. 34 f.). Nicht alle Forscherinnen und Forscher halten den dritten Typ der „Superverschwörungstheorie" für zielführend und erforderlich; Richard J. Evans erscheint er „unnötig verwirrend" (Evans 2021, S. 311), da sich diese Verschwörungstheorien auch als Ereignis- und Systemverschwörungstheorien hinreichend klassifizieren ließen.

Begriffe Verschwörungstheorie Verschwörungsideologie Verschwörungserzählung Verschwörungsglauben Verschwörungsgerüchte	 Verschwörungsmythos Verschwörungslegende Verschwörungsdenken
Prinzipien 1. „Nothing is as it seems“ (Misstrauen und Zweifel) 2. „Nothing happens by accident“ (Intentionalismus) 3. „Everything is connected“ (Zusammenhang, Bedingung und Folge auch von Unzusammenhängendem)	**Typen von Verschwörungstheorien** 1. Event conspiracies“ („Ereignisverschwörungstheorien“) beziehen sich auf punktuelle Ereignisse 2. „Systemic conspiracies“ („Systemverschwörungstheorien“) beziehen sich auf Personengruppen, die über einen längeren Zeitraum handeln 3. „Superconspiracies“ („Superverschwörungstheorien“) verschmelzen mehrere Verschwörungstheorien zu einer neuen Verschwörungstheorie
Verschwörungstheoretisches Deutungsmuster • ungeklärte, irritierende oder verängstigende Prozesse und/oder Ereignisse • Konstruktion einer Verschwörung • Dualismus von Gut und Böse • vermeintliche Verschwörerinnen und Verschwörer als böse, hinterhältige Menschen/Bedrohung und Gefahr durch Verschwörung • Emotionen: Empörung, Misstrauen, Wut, Zorn • Appell: Vorgehen und Engagement gegen die Verschwörerinnen und Verschwörer	**Textmuster, Argumentationsweisen und Register** o deduktives Vorgehen: Glauben an die Existenz einer Verschwörung o kaum Eingehen auf Kontroversen oder Gegenpositionen o kaum Eingeständnis von Unsicherheiten o Nutzung des Mittels der Gegenüberstellung und des Vergleichs o Schuldzuweisung an „Andere“ o Kaschierung/Leugnung des Vetorechts der Quellen und von Widersprüchen o sehr kohärente und schlüssige Darbietung o Orientierung an Reportage, investigativen und/oder wissenschaftlichen Texten o Übererfüllung der wissenschaftlichen Standards (Zitate, Fußnoten, Quellenangaben) o wertender Sprachgebrauch
Verschwörungstheorien als orthodoxes und heterodoxes Wissen • Verschwörungstheorien bis ca. 1945 anerkanntes Wissen und legitime Argumentationsform • nach 1945 Delegitimierung und Stigmatisierung zu heterodoxem Wissen • Antagonismus: legitime Wissenschaft ↔ Verschwörungstheorien	

Tab. 1: Übersicht Verschwörungstheorie

2. Warum sollte man Verschwörungstheorien im Geschichtsunterricht thematisieren?

Verschwörungstheorien und Geschichtsunterricht

Verschwörungen kann man aufdecken, ihre Hintergründe und Motive skizzieren, die Verschwörerinnen und Verschwörer benennen, verurteilen oder bejubeln. Als historisches Ereignis findet die Verschwörung ihren Platz in der Geschichtsschreibung und eventuell im Geschichtsunterricht, wie etwa die Verschwörung, die zur Ermordung Caesars führte. Doch wie soll man mit Verschwörungstheorien umgehen, die Verschwörungen imaginieren, die nicht geplant waren oder stattgefunden haben?

Verschwörungstheorien als Schlüsselproblem

Schenkte die Geschichtswissenschaft Verschwörungstheorien wegen ihrer Nichtseriosität und Pseudowissenschaftlichkeit lange nur marginal Beachtung, so werden immer mehr historische Forschungen zu Verschwörungstheorien veröffentlicht, da das Thema medial, politisch und gesellschaftlich an Bedeutung gewonnen hat. Verschwörungstheorien stellen ein Schlüsselproblem der Gegenwart dar, da Verschwörungstheorien (1) den wissenschaftlichen Diskurs untergraben und (2) als politisches Mittel eingesetzt werden, um antidemokratische Meinungen und Positionen publik zu machen und durchzusetzen.

Wollten viele Wissenschaftlerinnen und Wissenschaftler durch Forschungen über Verschwörungstheorien nicht in eine Ecke mit vermeintlich paranoiden Verschwörungstheoretikerinnen und -theoretikern gestellt werden und ließen daher das Thema links liegen, so erkennen sie jüngst in ihren Forschungen über Verschwörungstheorien die wichtige aufklärerische Aufgabe, auf die politische extreme Gefahr und die vereinfachende, monokausale, nicht-falsifizierbare Sicht auf Vergangenheit und Gegenwart von Verschwörungstheorien hinzuweisen.

Verschwörungstheorien als geschichtsdidaktisches Problem

Grundsätzlich gefragt: Warum sollte sich der Geschichtsunterricht mit Verschwörungstheorien auseinandersetzen? Sind die Lehrpläne nicht schon genug gefüllt mit der Thematisierung realer historischer Vorgänge und deren Reflex in der Geschichtskultur? Muss da wirklich noch Raum geschaffen werden für die Zuschreibungen der Verschwörungstheorien, die sich im Bereich des Imaginären und des Glaubens bewegen und nicht empirisch überprüft werden können? Kontrafaktische Geschichte spielt ja auch keine nennenswerte Rolle im Geschichtsunterricht. Und wenn doch Verschwörungstheorien in der Schule zu behandeln sind, muss der Geschichtsunterricht diese Aufgabe übernehmen? Ist dieses interdisziplinäre Thema nicht bei anderen Fächern wie Philosophie, Religion, Politik, Gesellschaftslehre, Sozialwissenschaften, Englisch, Deutsch besser aufgehoben?

Auf den ersten Blick passt der Gegenstand Verschwörungstheorie nicht in den Geschichtsunterricht, da sie als allenfalls pseudowissenschaftliche Konstrukte fiktive Verdachtsmomente darstellen, haltlose und extreme Positionen beziehen und auf falschen Annahmen beruhen (vgl. Peters 2020, S. 209–212). Als Fiktionen passen Verschwörungstheorien besser zum Literaturunterricht und wären mit Mitteln der Film- und/oder Textanalyse zu untersuchen. Tatsächlich spielen Verschwörungstheorien in der Geschichtsdidaktik und in den Curricula noch keine nennenswerte Rolle. Nimmt man die von Mayer, Gautschi und Bernhardt zusammengestellten geschichtswissenschaftlichen Dimensionen, Schlüsselprobleme und historischen Basisnarrative als Grundlage für die didaktische Planung von Geschichtsunterricht (Mayer/Gautschi/Bernhardt 2012, S. 389 f.), ist es nicht erforderlich, zu Verschwörungstheorien historische Themen zu konstruieren. Denn Verschwörungstheorien lassen sich inhaltlich weder einem Basisnarrativ noch eindeutig einer geschichtswissenschaftlichen Dimension zuordnen; sie berühren allenfalls die bekannten Schlüsselprobleme der Herrschaft und Demokratisierung sowie der Massenmedien. Aus diesen fachlichen und geschichtsdidaktischen Gründen haben Verschwörungstheorien bisher kaum Eingang in die Lehrpläne, in die Geschichtsschulbücher und in den Geschichtsunterricht gefunden.

Narrative Kompetenz und Verschwörungstheorien

Die zentrale Aufgabe des Geschichtsunterrichts ist die Vermittlung narrativer Kompetenz (vgl. Gautschi 2001, S. 48–53). Die narrative Kompetenz umfasst, dass Schülerinnen und Schüler auf der einen Seite lernen, Geschichte zu erklären und zu erzählen und auf der anderen Seite die Fähigkeit erwerben, vorhandene Darstellungen zu kritisieren und auf ihre Richtigkeit und Triftigkeit zu überprüfen. Diese zu analysierenden und dekonstruierenden Darstellungen beziehen sich in diesem Konzept auf reale historische Ereignisse, Strukturen oder Prozesse. Sie gehören oder gehörten zu den orthodoxen Texten. Die Dekonstruktionen von Darstellungen geschieht insbesondere vor dem Hintergrund der Entwicklung der historischen Forschung und dem Vergleich von Forschungsurteilen (etwa zu den Ursachen des Beginns des Ersten Weltkriegs). Verschwörungstheorien als fiktive Texte über angebliche, erfundene Verschwörungen, die nicht erwiesen sind, sondern geglaubt werden müssen, haben in diesem Konzept keinen Platz. Geschichtsunterricht thematisiert gemeinhin reale Geschehen und keine fantastischen, fiktiven Gebilde. Die Verschwörungstheorien sind vor diesem Hintergrund von Mythen zu unterscheiden.

Eine Beschäftigung mit heterodoxen historischen Verschwörungstheorien erweitert somit den Geschichtsunterricht um Texte, die keine wissenschaftlichen historischen Darstellungen sind, und verlangt daher eine besondere, intensive didaktische Erschließung durch die Lehrkraft und fordert die Analysekompetenzen der Schülerinnen und Schüler in hohem Maße. Denn die Verschwörungstheorie wird im Geschichtsunterricht zu einem Ereignis über ein Ereignis, das nicht stattgefunden hat.

Prinzipiell greift der Geschichtsunterricht als Gegenstand die in den jeweiligen Lehrplänen implementierten Themen auf und orientiert sich fachlich an der Methodik der Geschichtswissenschaft. Durch die Auseinandersetzung mit historischen Themen erfahren die Schülerinnen und Schüler Perspektivität bzw. Multiperspektivität, Kontroversität und Pluralität, sie entwickeln ein reflektiertes Geschichtsbewusstsein und nehmen eine „Sinnbildung über Zeiterfahrung" vor (Rüsen 2008). Die Lernenden werden also in die orthodoxen, wissenschaftlich und gesellschaftlich legitimierten Erklärungsmodelle eingeführt, die dem Deutungsmuster der Verschwörungstheorie entgegenstehen. Aus diesem Gegensatz ergibt sich wiederum, dass die Schülerinnen und Schüler über umfassende analytisch-methodische Kompetenzen verfügen müssen, um den fiktiven und ideologischen Charakter einer Verschwörungstheorie erfassen und bewerten zu können.

Anwendung narrativer Kompetenzen durch die Analyse von Verschwörungstheorien

Verschwörungstheorien als geschichtsdidaktischer Gegenstand

Vor dem Hintergrund einer um heterodoxe Texte erweiterten narrativen Kompetenzentwicklung werden Verschwörungstheorien zu einem relevanten geschichtsdidaktischen Gegenstand mit dem Ziel, dass die Schülerinnen und Schüler lernen, dass die Zuschreibungen von Verschwörungstheorien über historische Ereignisse und Prozesse die methodischen Voraussetzungen und Prinzipien orthodoxer wissenschaftlicher und legitimer Geschichtsschreibung nicht erfüllen und Verschwörungstheorien als heterodoxe Texte keine geeigneten Konstrukte sind, um Geschichte triftig darzustellen. Die Schülerinnen und Schüler lernen also, orthodoxe wissenschaftliche historische Darstellungen von heterodoxen Verschwörungstheorien zu unterscheiden.

Um diese Unterscheidung treffen zu können, müssen die Schülerinnen und Schüler über ein entsprechendes methodisches Wissen über Geschichtsschreibung verfügen. Wenn die Schülerinnen und Schüler im Geschichtsunterricht historische Verschwörungstheorien bzw. Verschwörungstheorien über Vergangenes oder Darstellungen über Verschwörungstheorien analysieren, erweitern sie ihre herkömmlichen narrativen Kompetenzen, wenn sie die fehlende Multiperspektivität und Kontroversität sowie mangelnde Triftigkeit erkennen, beschreiben und darüber hinaus methodische, inhaltliche und sachlogische Fehler von Verschwörungstheorien aufdecken. Sie wenden damit Kompetenzen an, die fachlich dezidiert dem Geschichtsunterricht zuzuordnen sind und über den Kompetenzbereich einer Sachtextanalyse etwa im Deutschunterricht hinausgehen. Aufgrund der Tatsache, dass die Schülerinnen und Schüler für die Untersuchung von Verschwörungstheorien bereits ausgeprägte Analysefähigkeiten benötigen, sollten sie diese zuvor an anderen historischen Darstellungen erworben haben.

Verschwörungstheorien als Teil der Geschichtskultur

Historische und gegenwärtige Verschwörungstheorien verfügen über eine „lebensweltliche Präsenz" in den Medien. So geschieht die Verbreitung von Verschwörungstheorien durch diverse „Events" ihrer Vertreterinnen und Vertreter, die etwa in Vorträgen, Büchern und auf eigenen YouTube-Kanälen ihre Sicht auf die Dinge kundtun (vgl. exemplarisch die Fallstudien von Butter 2018, S. 83–93 und 132–137 und Alt & Schiffer 2018). Für die Analyse von Verschwörungstheorien im Geschichtsunterricht ist bedeutsam, dass in Verschwörungstheorien ein „Gattungswechsel" erfolgt, wenn ein konspiratives Konstrukt beispielsweise in Form einer wissenschaftlichen Darstellung auftritt (zu den Merkmalen der Geschichtskultur „lebensweltliche Präsenz", „Events" und „Gattungswechsel" vgl. Pandel 2013, S. 167–172).

Mediale Erscheinungsformen von Verschwörungstheorien

Genau betrachtet übernimmt die Verschwörungstheorie Struktur und Regeln einer spannenden fiktiven Erzählung wie Thriller, Kriminal- oder Schauerroman und nutzt vordergründig zahlreiche Gattungen und Formen der Geschichtskultur, wie beispielsweise Artikel, Essay, Reportage, Vortrag, Sachbuch, Roman, Dokumentation, Dokutainmentfilm, Spielfilm, Internetforum, YouTube-Kanal und Homepages, weshalb Verschwörungstheorien nicht auf Anhieb von anderen „medialen Refigurationen historischen Wissens" (Pandel 2013, S. 171) in der Geschichtskultur zu unterscheiden sind.

Aufgrund der Verankerung von Verschwörungstheorien in der Geschichtskultur und der Schwierigkeit, konspirative Konstrukte als solche zu erkennen, ist es erforderlich, dass Schülerinnen und Schüler die Kompetenzen im Geschichtsunterricht erwerben, um gegen einen auf einer „gefühlten" Wahrheit beruhenden, manipulativen, einseitigen, demokratieschädlichen Umgang mit der Vergangenheit gewappnet zu sein (vgl. Peters 2020, S. 210–212).

Paranoia und unumstößlicher Glaube an Verschwörungstheorien

Keine Verschwörungsmentalität

Nach Richard J. Hofstadters äußerst einflussreichem Aufsatz „The Paranoid Style in American Politics", zuerst erschienen 1964, zeichnen sich Verschwörungstheorien nicht nur durch einen „paranoiden Stil" aus, der darin besteht, mittels zahlreicher Daten, übermäßiger Pedanterie und Pseudowissenschaftlichkeit das Unglaubliche glaubhaft zu machen (vgl. Evans 2021, S. 10), sondern auch die Verschwörungstheoretikerinnen und -theoretiker selbst erfahren eine Pathologisierung als paranoid. Diese werde zwar mittlerweile als „hochproblematisch" angesehen (Butter 2018, S. 15), auch konnte die Existenz einer „Verschwörungsmentalität" nicht nachgewiesen werden (Götz-Votteler & Hespers 2019, S. 39). Dennoch hält sich die Überzeugung, „der ‚Glaube' an eine entsprechende Verschwörungswirklichkeit würde nicht nur einfach auf sachlich falschen Überzeugungen beruhen, sondern darüber hinaus Zweifel an der geistigen Gesundheit jener ‚Gläubigen' erlauben, wenn gar nahelegen" (Anton & Schetsche 2020, S. 94).

Der Glaube an Verschwörungstheorien

Aufgabe des Geschichtsunterrichts kann es weder sein, Verschwörungstheoriegläubige zu bekehren, noch diese zu pathologisieren. Seine Funktion besteht vielmehr darin, gegenüber Verschwörungstheorien (und ihren Gläubigen bzw. Vertretern) eine entsprechende deutliche Haltung zu zeigen und aufklärerisch Position zu beziehen. Des Weiteren kommt ihm die Funktion zu, durch Thematisierung und Aufklärung, einen Glauben an Verschwörungstheorien durchaus im Sinne eines Religionsersatzes nicht aufkommen zu lassen sowie für

Verschwörungstheorien anfällige Schülerinnen und Schüler über die Gefahren und Pseudowissenschaftlichkeit von Verschwörungstheorien zu unterrichten. Die Schule und damit der Geschichtsunterricht haben die Gelegenheit, die Schülerinnen und Schüler in ihren noch nicht gefestigten Einstellungen im Sinne einer demokratischen und offenen Gesellschaft zu erziehen und ein Gegenmodell zu extremen und demokratiefeindlichen Ideologien zu präsentieren. Während dies grundsätzlich die Aufgabe aller Fächer ist, kommt dem Geschichtsunterricht mit der Vermittlung eines reflexiven Geschichtsbewusstsein gerade im Hinblick auf Verschwörungstheorien eine spezifische Aufgabe zu.

Verschwörungstheorien als politische Bedrohung der Gegenwart

Verschwörungstheorien als vor allem rechte und rechtsextreme Bedrohung

Erstellung, Verbreitung und Veränderung von Verschwörungstheorien geschehen nicht ohne Ziel. Verschwörungstheorien werden in der Regel als „politische Bedrohung wahrgenommen, weil sie als Nährboden für irrationale, politisch extreme Haltungen jeglicher Colour dienen können“ (Anton & Schetsche 2020, S. 94) und oftmals auch dienen. So stammen die Systemverschwörungstheorien von der „jüdischen Weltverschwörung“, um die Geheimgesellschaften der Freimaurer und Illuminati, der Bilderberger, der kommunistischen Weltherrschaft, der Neuen Weltordnung historisch „aus rechten und rechtsextremen Kreisen“ (Schawinksi 2018, S. 164). Weniger zahlreich sind linke Verschwörungstheorien, die meist „auf den Übeln des Kapitalismus, Privatvermögens und des Egoismus“ beruhen (Schawinksi 2018, S. 165).

Verschwörungstheorien als demokratische Bedrohung

Als heterodoxe Texte stehen Verschwörungstheorien nicht nur im Widerspruch und Konflikt mit den Darstellungen der orthodoxen Wissenschaften, was die Deutung von historischen Ereignissen und die Konstruktion von Zusammenhängen angeht. Die Abgrenzung geschieht nicht nur auf einer argumentativen, sondern oft auch polemisch auf einer politischen Ebene, indem man die Vertreterinnen und Vertreter der orthodoxen Wissenschaften als Unwissende oder Leichtgläubige abtut oder beschimpft. Die orthodoxen Wissenschaftlerinnen und Wissenschaftler werden als „Diener des Systems“ diskreditiert, die nicht die „Wahrheit“ sagen dürften. Die Verschwörungstheorie tritt als politisch „freie“ Wissenschaft auf und sagt sich dabei zugleich von den wissenschaftlichen Standards und den freiheitlichen Werten los, oftmals paradoxerweise, indem sie diese besonders betont. Der Antagonismus zwischen heterodoxen Verschwörungstheorien und orthodoxen Wissenschaften, die als Vertreterinnen eines demokratischen Systems angesehen werden, führt die Verschwörungstheorien in autoritäre, extreme politische Bereiche.

Wenn im Geschichtsunterricht auf die in den Verschwörungstheorien häufig nicht offen ausgesprochenen, aber implizit vorhandenen antisemitischen und/oder demokratiefeindlichen, autoritären Ideologien eingegangen wird, so leistet der Geschichtsunterricht als Fach der historisch-politischen Bildung einen wichtigen aufklärerischen Beitrag zur politischen und gesellschaftlichen Bildung der Schülerinnen und Schüler sowie zur Demokratiebildung und zum Schutz der Demokratie und offenen Gesellschaft.

3. Warum beschäftigen sich Jugendliche mit Verschwörungstheorien?

Verschwörungstheorien als einfaches Mittel zur Erklärung komplexer Probleme

Nach Anton und Schetsche wird dann auf eine Verschwörungstheorie zurückgegriffen, „wenn bestimmte, mit menschlichem Handeln verbundene Ereignisse oder Prozesse, welche subjektiv oder kollektiv als krisenhaft, problematisch, beängstigend oder verunsichernd erlebt werden, sich *nicht* in subjektiv oder kollektiv bestehende Weltbilder, Erklärungsmuster, Sinn- oder Wirklichkeitskonzepte integrieren lassen und erst die Annahme einer Verschwörung diese Annahme ermöglicht" (Anton & Schetsche 2020, S. 103). Gerade unsere Gegenwart erweist sich als derart komplex, dass auf Verschwörungstheorien zurückgegriffen wird, da sie „eine rasche Verständigung im Hinblick auf irritierende, zweifelhafte Situationen, die Integration großer Mengen an Informationen in mehr oder minder konsistente Erklärungsmodelle und damit eine Reduktion von Komplexität" ermöglichen (Anton & Schetsche 2020, S. 103). Zudem ist man als Anhängerin oder Anhänger einer Verschwörungstheorie nicht allein, die Verschwörungstheorien stiften unter den „Trägersubjekten soziale Gemeinschaft" (Anton & Schetsche 2020, S. 103). Schließlich erklären Verschwörungstheorien nicht nur die Vergangenheit und Gegenwart, sondern stellen „Modelle in Bezug auf die künftige Entwicklung bestimmter Situationen zu Verfügung" (Anton & Schetsche 2020, S. 103).

Schule und Geschichtsunterricht als Vertreterinnen eines offenen und demokratischen Weltbildes

Übertragen auf die Situation der Schülerinnen und Schüler bieten Verschwörungstheorien einfache Erklärungsmodelle, die sich nicht allein auf Vergangenheit und Gegenwart, sondern auch deterministisch auf die Zukunft beziehen und auf die sie einen schnellen und leicht zugänglichen Zugriff haben. Schule und damit auch der Geschichtsunterricht dagegen wollen die Schülerinnen und Schüler in die Komplexität der Welt einführen und ihnen geeignetes Wissen und die erforderlichen Methoden an die Hand geben, damit die jungen Menschen selbstbestimmt sich orientieren und die Welt mitgestalten können. Schule geht dabei von einem offenen, demokratischen und nicht deterministisch festgelegten Weltbild aus und steht sich zudem zu, nicht alle Fragen der Gegenwart beantworten zu können, bahnt aber den Weg, mit wissenschaftlichen und legitimen Mitteln, Veränderungen oder Verbesserungen zu erreichen.

Weite Verbreitung von Verschwörungstheorien im Internet

Viele der derzeit sich im Umlauf befindlichen historischen Verschwörungstheorien sind für die Schülerinnen und Schüler nicht von Belang und haben oftmals einen eher unterhaltenden Charakter wie die angebliche gefakte Mondlandung. Von Interesse für Jugendliche sind vor allem die Verschwörungstheorien um die sog. „Neue Weltordnung“, den 11. September 2001 und die angebliche „jüdische Weltverschwörung“, da diese teilweise schon sehr lange im Umlauf sich befinden, sehr weit verbreitet sind und globale Auswirkungen beschreiben.

Dass Jugendliche sich intensiv und jederzeit mit Verschwörungstheorien auseinandersetzen können, hängt mit der Einführung des Breitbandinternets zusammen, welches eine weltweite Verbreitung und größere Akzeptanz von Verschwörungstheorien ermöglichte. Die unwahrscheinlichen Verschwörungstheorien verlieren im Internet – nicht zuletzt aufgrund von Algorithmen – den Status des Unwahrscheinlichen und erreichen mehr und mehr Menschen, denen sie eine Erklärung für ihre Ängste, Krisen und Probleme bieten.

Zwischen den 1950ern und dem Jahr 2000 fristeten Verschwörungstheorien ein mediales Schattendasein, waren kaum zugänglich und besaßen keine Bedeutung im öffentlichen Diskurs (vgl. Butter 2018, S. 139–178). Doch spätestens seit der Präsidentschaft Trumps und dem Ausbruch der Corona-Pandemie mit dem Aufkommen der sog. „Querdenker“ sind Verschwörungstheorien alltäglicher Gegenstand der Medien, der Geschichtskultur und letztlich des Geschichtsunterrichts geworden, wenn etwa Schülerinnen und Schüler oder Lehrkräfte – auch unabhängig von den Vorgaben der Lehrpläne – Verschwörungstheorien thematisieren. Folgende Aspekte umreißen die mögliche Motivation von Jugendlichen, Verschwörungstheorien zu rezipieren und diese gegebenenfalls im Geschichtsunterricht anzubringen (vgl. Peters 2017 und 2020).

Bedürfnis nach Orientierung

Wie bei Erwachsenen, so offerieren Verschwörungstheorien auch Jugendlichen rasche und einfache Lösungen auf komplexe Fragen, nicht eindeutig zu klärende historische Zusammenhänge oder unvorstellbare Ereignisse. Im Unterschied zu einer abwägenden wissenschaftlichen historischen Darstellung, die eingesteht, nicht alle Fragen beantworten zu können, und sich einer komplexen Fachsprache und Methodik bedient, bieten Verschwörungstheorien simple Lösungen an, welche eindeutig zwischen Gut und Böse unterscheiden, und die daher ohne Umschweife und Einschränkungen angenommen werden können. Die Angebote erfüllen das Bedürfnis nach Halt und Orientierung.

Schülerinnen und Schüler, die auf ihrer Suche nach ihrem Platz in einer stetig komplexer werdenden Welt nach einfachen Antworten streben, finden diese für einige Bereiche in Verschwörungstheorien. Verschwörungstheorien bieten eine einfache, schnelle, schwarz-weiße Sinnstiftung, wenn diese (angeblich) große Mengen an Informationen in vermeintlich konsistente Erklärungen überführt und so eine (übermäßige) Reduktion von Komplexität erzielt.

Dem Geschichtsunterricht kommt in diesem Fall die Aufgabe zu, auf die Vielschichtigkeit der Welt und ihrer Vergangenheit hinzuweisen und deutlich zu machen, dass vereinfachende Lösungen der Verschwörungstheorien nur eine scheinbare und vordergründige Erklärung bieten, aber einer genaueren Prüfung nicht standhalten. Der Geschichtsunterricht versucht durch die Vermittlung eines reflektierten Geschichtsbewusstseins und der „Sinnbildung über Zeiterfahrung", den Schülerinnen und Schülern Orientierung zu bieten.

Gemeinschaft der Verschwörungstheoretikerinnen und -theoretiker

Anhängerinnen oder Anhänger einer Verschwörungstheorie stehen nicht für sich da, sondern suchen, finden und erfahren eine Gemeinschaft mit weiteren Gläubigen. Die Welt spaltet sich aus der Sicht der Verschwörungstheoretikerinnen und -theoretiker in Wissende und Unwissende auf, wodurch die Vertreterinnen und Vertreter einer Verschwörungstheorie aufgewertet werden, da sie zu dem besonderen Kreis der Eingeweihten und Wissenden gehören. Die Gemeinschaft erhält einen exklusiven und elitären Anstrich und kann so das Selbstbewusstsein von Jugendlichen erheben, gerade auch dann, wenn sie sich ungerecht behandelt, unverstanden oder erniedrigt fühlen. Diesem Verhalten kann der Geschichtsunterricht durch Offenheit und Transparenz entgegen wirken, wenn im Unterricht die Prinzipien einer demokratischen Gesellschaft gelebt werden und die Schülerinnen und Schüler etwa durch aktivierende und schülerorientierte Methoden eine sinnhafte Teilhabe erfahren. Wer die Vorteile einer Demokratie und offenen Gesellschaft erfährt und anerkennt, hat kein Interesse, sich elitären Zirkeln oder Gemeinschaften von Verschwörungsgläubigen anzuschließen.

Tradition verschwörungstheoretischen Denkens in der Familie und im persönlichen Umfeld

Es ist möglich, dass Schülerinnen und Schüler aufgrund ihrer Familie oder Sozialisation in einem Kreis von Verschwörungsgläubigen aufwachsen. So hat Michael Blume nachgewiesen, dass „sich in der islamischen und insbesondere der arabischen Welt ein antisemitischer Verschwörungsglaube ausgebreitet [hat], nach dem alles Unheil von einer jüdisch-amerikanisch bestimmten Weltverschwörung ausgehe" (Blume 2019, S. 23). Es ist nicht auszuschließen, dass innerhalb dieser Familien der entsprechende Verschwörungsglaube weitergegeben wird. Eine Geschichtslehrkraft muss damit rechnen, dass Kinder – keinesfalls nur islamische oder arabische – Verschwörungstheorien (oder auch Querdenkerglauben) in ihrem familiären und persönlichen Umfeld als „wahre“ und „richtige“ Darstellung und Interpretation kennengelernt und erlernt haben. Der Schule kommt die schwierige Aufgabe und Herausforderung zu, die Lernenden von der Richtigkeit der wissenschaftlichen Methoden und den gefährlichen Fallstricken der Verschwörungstheorien zu überzeugen. Die Schule kann nicht auf Unterstützung bei den Eltern hoffen, sondern wendet sich gegen den familiär tradierten Verschwörungsglauben. Nehmen die Schülerinnen und Schüler das in der Schule vermittelte Wissen und die dazugehörigen Methoden an, überwinden sie zugleich einen Teil ihrer Herkunft und ihrer familiären Identität, erzeugen allerdings oft auch familiäre Konflikte.

Verschwörungstheorien als Teil der Geschichtskultur

Verschwörungen sind ein beliebtes Sujet in Kriminalgeschichten, Thrillern, historischen und Fantasy-Romanen sowie Science-Fiction. Als Rezipientin oder Rezipient fiebert man mit den Heldinnen und Helden mit und taucht bereitwillig in die Welt der bösen Verschwörerinnen und Verschwörer ein. Spannende Verschwörungen und auch Verschwörungstheorien stoßen auf großes Interesse.

Verschwörungstheorien eignen sich für die Konstruktion spannender Plots, die sich als Bestseller gut verkaufen, wie beispielsweise die Romane von Dan Brown, Umberto Eco oder die zahlreichen Romane mit Verschwörungstheorien über die Templer beweisen. Abgesehen davon, dass Verschwörungstheorien leicht und zahlreich im Internet zu finden sind, erzielen in renommierten Verlagen Verschwörungstheorien wie die 1982 zuerst erschienene „Schatzsuche“ – so der Klappentext – über den „Heiligen Gral und seine Erben“ von Lincoln, Baigent und Leigh (2007) oder die vermeintliche Rekonstruktion einer „Neuen Weltordnung“ in dem unter dem Pseudonym E. R. Carmin (2003) zuerst 1994 veröffentlichten Werk über „Das schwarze Reich. Geheimgesellschaften und Politik im 20. Jahrhundert“, welches fast alle bekannten Verschwörungstheorien in sich vereint, hohe Auflagen. Gleiches gilt für populäre Sachbücher, die sich kritisch mit Verschwörungstheorien auseinandersetzen.

Sogar der Tourismus profitiert. So lebt das Dorf Rennes le Château (vgl. S. 39) von der Verschwörungstheorie um seinen früheren Pfarrer François Bérenger Saunière.

Verschwörungstheorien sind ein Bestandteil der populären Kultur und viele wollen sich mit ihnen unterhalten. Ein Interesse an Verschwörungstheorien seitens der Schülerinnen und Schüler kann der Geschichtsunterricht als Motivation nutzen, um tiefer in die Geschichte und die Methoden der Geschichtswissenschaft einzusteigen und nach der Geschichte hinter der Verschwörungstheorie zu fragen.

Naivität, Unwissenheit und fehlende Medienkompetenz

Verschwörungstheorien verführen ihre Rezipienten durch ihre einfachen und damit oft einleuchtenden Aussagen und durch eine professionelle und anschauliche, nicht selten plakative mediale Darbietung. Man muss bereit sein, kritisch zu denken, um sich der Überwältigung einer Verschwörungstheorie zu erwehren. So vertrauen manche Schülerinnen und Schüler wegen einer fehlenden skeptischen Haltung den Aussagen einer Verschwörungstheorie. Aufgrund gering ausgeprägter fachlicher und medienkritischer Kompetenzen können sie eine Verschwörungstheorie nicht als Verschwörungstheorie erkennen, sondern glauben ungeprüft, was sie lesen oder sehen. Im Weiteren können Algorithmen dafür sorgen, dass diese Schülerinnen und Schüler auf weitere Verschwörungstheorien im Internet stoßen und in entsprechende Filterblasen geraten.

Nichtsdestoweniger sind in diesen Fällen die Lernenden offen für eine Korrektur und können sich durch eine entsprechende Auseinandersetzung mit Quellen und weiteren Perspektiven ein neues Urteil bilden. Den Geschichtslehrenden kommt die Aufgabe zu, entsprechende Situationen und die Verbreitung von Verschwörungstheorien unter ihren Schülerinnen und Schülern zu erkennen, um entgegenwirken zu können. Eine wichtige Basis für den Unterricht ist eine vertrauensvolle Basis zwischen Lehrperson und Lerngruppe.

Rebellion und Provokation

Mit dem bewussten Verkünden einer Verschwörungstheorie im Klassenraum durch Schülerinnen und Schüler kann ein Machtspiel inszeniert werden. Die Jugendlichen wollen die Lehrperson testen und provozieren, eventuell sogar bloßstellen, wenn diese nicht mit den Inhalten einer Verschwörungstheorie umgehen kann (vgl. Peters 2017, S. 293). In diesen Fällen ist die Lehrkraft vor allem pädagogisch gefragt und sollte sich nicht provozieren lassen, sondern das Anliegen der Schülerinnen und Schüler ernstnehmen, aber auch schnell auflösen, gegebenenfalls vertagen, um so die Störung zu beheben (vgl. S. 54 f.). Bei diesen Provokationen geht es weniger um fachliche Fragen als um die Autorität der Lehrkraft im Klassenraum.

Politische Abgrenzung und Hinterfragung der Darstellungen im Geschichtsunterricht und des Systems Schule

Während die Erwähnung einer Verschwörungstheorie die Autorität der Lehrkraft auf die Probe stellen soll und Ausdruck eines provokanten Verhaltens sein kann, was sich in der Regel schnell und ohne Probleme beheben lässt, kann das Vertreten von verschwörungstheoretischen Aussagen ein Ausdruck des Misstrauens nicht nur gegenüber der Lehrperson, sondern auch dem Geschichtsunterricht und seinen Narrationen sowie dem System Schule sein. Wenn Schülerinnen und Schüler hartnäckig eine Verschwörungstheorie in der Klasse oder dem Kurs verbreiten und so die Lehrkraft vor die nicht zu leistende Aufgabe stellen, das konspirative Konstrukt ad hoc zu widerlegen, desavouieren sie scheinbar den gesamten Geschichtsunterricht mit seinen bildungspolitischen Intentionen. Wenn die Lehrperson die „Wahrheit“ nicht kennt, ist sie folglich fachlich nicht kompetent genug, zu unterrichten und zu erziehen. Sie verliert ihren Status als Autorität und Vorbild. Die „freigeistige", „unabhängige" Verschwörungstheorie wird zur Gegenspielerin des „staatlichen", „systemischen" Geschichtsunterrichts, der aus der Sicht der Verschwörungstheoretikerinnen und -theoretiker die Schülerinnen und Schüler von der „Wahrheit" fernhalten und manipulieren will.

Hier stehen Geschichtsunterricht und Lehrkraft vor der wichtigen und schwierigen Aufgabe, das Gegenstück zu diesen Verschwörungstheorien darzustellen, konsequent Position zu beziehen und Haltung zu zeigen. Es ist dann zu überlegen, ob die erwähnten Verschwörungstheorien überhaupt weiter im Unterricht zu thematisieren sind. Stattdessen kann man die Verschwörungstheorie als nicht zum Unterricht zugehörig zurückweisen, auf anerkannte wissenschaftliche Ergebnisse verweisen und außerhalb der unterrichtlichen Öffentlichkeit mit den Schülerinnen und Schülern, die die Verschwörungstheorien äußern, klärende Gespräche führen.

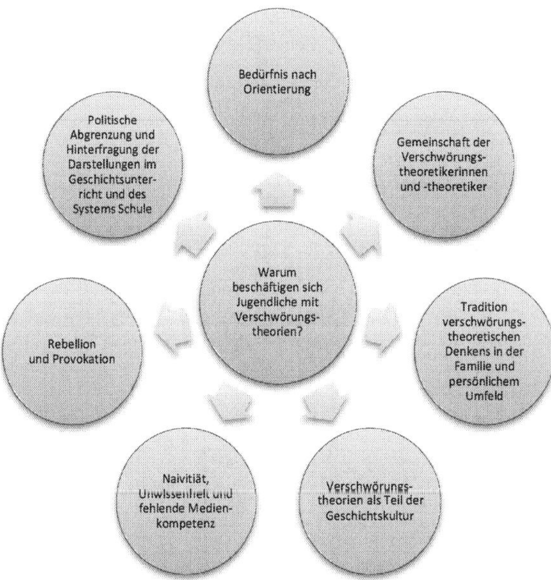

Abb. 1: Interesse Jugendlicher an Verschwörungstheorien (eigene Darstellung)

Wenn der begründete Eindruck entsteht, dass das Vorbringen von Verschwörungstheorien mehr als punktuelles Interesse oder Provokation umfasst, ist zu überlegen, ob über den Geschichtsunterricht hinaus gegen die Verbreitung von extremen Gedankengut in der Schule im fächerbindenden Unterricht oder in Projekten vorgegangen und gegebenenfalls die Zusammenarbeit mit anderen Institutionen gesucht wird.

4. Welche Verschwörungstheorien sollte man im Geschichtsunterricht thematisieren?

Die Anzahl der Verschwörungstheorien ist hoch und stetig steigend. Peter Wittkamp und Pia Frey haben sich die einfache Struktur verschwörungstheoretischen Denkens und Sprechens zu Nutze gemacht und einen „Desinformator" konstruiert, der auf einfache Weise neue Verschwörungstheorien entstehen lässt (https://desinformator.de/). Gedruckt als Flipbook soll der Desinformator angeblich auf 125 000 verschiedene Verschwörungstheorien kommen (vgl. Wittman & Frey 2022).

Historische Verschwörungstheorien sind freilich weniger zahlreich. Dennoch gilt es, eine Auswahl zu treffen, da nicht alle Verschwörungstheorien über vermeintliche oder tatsächliche historische Ereignisse und Personen und aus der Vergangenheit im Geschichtsunterricht zu behandeln sind. Im Folgenden stelle ich einige Verschwörungstheorien vor, deren Thematisierung im Geschichtsunterricht didaktisch sinnvoll erscheint oder die aufgrund ihrer Popularität eventuell von Schülerinnen und Schülern erwähnt werden könnten.

Das „erfundene Mittelalter"

In seinen Ausführungen über das „erfundene Mittelalter" beschreibt Heribert Illig den Zeitraum zwischen 614 und 911 als Phantomzeit. Diese 300 Jahre seien erfunden worden. Illig stützt seine Behauptung auf fehlerhafte Berechnungen bei der Korrektur des julianischen Kalenders durch Papst Gregor XIII. im Jahr 1582, durch die angeblich drei Jahrhunderte fehlen. Illigs Kritikerinnen und Kritiker erklären jedoch, dass die gregorianische Berichtigung des Kalenders im Einklang mit der bestehenden Jahreszählung ist. Weiterhin behauptet Illig, es gäbe nur wenige Urkunden und archäologische Funde aus dieser Zeit. Diese Aussagen sind von der historischen Forschung widerlegt worden (vgl. Schieffer 1997).

Hat Karl der Große wirklich gelebt?

Illigs Vorstellungen vom erfundenen Mittelalter halten keiner wissenschaftlichen Prüfung stand und werden rundweg von der historischen Forschung abgelehnt. Als Motivation, warum man 300 Jahre Geschichte und Personen wie Karl den Großen erfinden sollte, führt Illig an, dass man durch Urkundenfälschungen im 12. Jahrhundert mittels der Nennung von angeblichen Kaisern und Königen seine Privilegien und Besitztümer sichern wollte (vgl. Illig 2005). Nun hat es ohne Zweifel zahlreiche Urkundenfälschungen im Mittelalter gegeben, doch erfasst „Illigs Suggestion, wer Urkunden fälscht, der fälscht auch gleich ein ganzes Zeitalter inklusive Personal, […] weder einen logisch folgerichten Zusammenhang, noch ist sie bei etwas genauerer Betrachtung auch nur ansatzweise plausibel“ (Hepfer 2016, S. 185). Denn es ist „nicht nachvollziehbar, warum eine gefälschte Urkunde gerade dadurch besonders glaubwürdig sein soll, dass ihr vermeintlicher Aussteller gleich mitgefälscht wurde. Im Gegenteil: an einen Herrscher, den es nicht gab, kann sich schließlich auch niemand erinnern“ (Hepfer 2016, S. 184).

Im Geschichtsunterricht kann diese Verschwörungstheorie thematisiert werden, da sie besonders deutlich deren Merkmal verdeutlicht, uns einen „Masterplan“ zu liefern, der „Ereignisse wesentlich anders deutet als die offizielle Version, oder ihnen überhaupt erst eine Bedeutung gibt und sie den Fängen des Zufalls entreißt“ (Hepfer 2016, S. 107). Allerdings blendet die Verschwörungstheorie in der Diskussion die Rationalität der Ziele der Verschwörer aus. Denn es macht keinen Sinn, „dreihundert Jahre ‚Mittelalter‘ zu erfinden, nur um dies dann mit großem Aufwand geheim zu halten“ (Hepfer 2016, S. 107). Des Weiteren eignet sich diese Verschwörungstheorie, bei der sich Illig als nicht ausgebildeter Historiker gegen die gesamte historische Zunft wendet, die sich aus seiner Sicht gegen ihn verschworen hat, um die Methoden der historischen Forschung und eine Diskussion über eine Verschwörungstheorie zu einem historischem

Thema zu erschließen. Zu diesem Gegenstand sind zahlreiche Artikel im Internet zu finden, die einerseits wissenschaftlich deutlich und verständlich Illigs Thesen widerlegen, und andererseits in typischer sprachlicher Weise seine Verschwörungstheorie vertreten. Seine Thesen veröffentlicht Illig im Internet unter http://www.zeitensprünge.de/. Die Homepage ist die Nachfolgerin der gleichnamigen, inzwischen eingestellten Zeitschrift. Dieses Thema kann selbstständig von Schülerinnen und Schülern der Oberstufe untersucht werden.

Die Nachkommen Jesu: Der Heilige Gral und seine Erben

In ihrem populären Sachbuch über den Heiligen Gral entwerfen die Autoren Henry Lincoln, Michael Baigent und Richard Leigh ausgehend von den Aktivitäten des Pfarrers François Bérenger Saunière in Rennes-le-Château zwischen 1885 und 1909 eine sehr umfassende Verschwörungstheorie über angebliche Nachkommen Jesu. Zum Hintergrund: In Rennes-le-Château ließ der Pfarrer Saunière aufwendig die Dorfkirche restaurieren, die Villa Béthania als Wohnsitz bauen und den neogotischen Tour Magdala als Bibliotheksturm errichten. Die Kosten beliefen sich auf geschätzt 200 000 Francs und überstiegen damit das Jahresgehalt des Pfarrers ca. um das Zweihundertfache. Saunières Reichtum ging auf die Bezahlung unzähliger ungehaltener Messen für Verstorbene zurück; sehr viele Leserinnen und Lesern religiöser Zeitschriften entdeckten seine Inserate und schickten ihm Geld, damit er Messen für sie lese, was er jedoch gar nicht leisten konnte. Wegen des Betrugs und wegen fehlender Kooperation wurde Saunière vom Bischof von Carcassonne seines Amtes enthoben; Saunière starb 1909 in Armut. Jenseits der Kirche stellte man sich die Frage, woher der Pfarrer das viele Geld für die kostspieligen Bauten in dem kleinen Dorf Rennes-le-Château hatte.

Waren die Merowinger die Nachfahren Jesu?

Vermutete man zunächst, dass Saunière auf einen Schatz der Katherer gestoßen ist, glaubten Lincoln, Baigent und Leigh, dass Saunière Dokumente über die Geheimgesellschaft der Prieuré de Sion entdeckt hatte, und so erfahren hat, dass

„die Gründer der Zionsbruderschaft von Jesus abstammen, der nicht am Kreuz gestorben, sondern als Maria Magdalenas Gemahl nach Frankreich geflohen sei und dort die Dynastie der Merowinger gegründet habe“ (Eco 2013, S. 417). Die Unterlagen bewiesen angeblich, „wer Jesu Nachkommen seien: ‚königliches Blut‘, *sang réal*, leicht verschlüsselt zu *San Greal* – heiliger Gral. Saunières Vermögen stamme aus dem Schweigegeld, damit er diese schreckliche Entdeckung für sich behalte“ (Eco 2013, S. 417). Mit Pierre Plantard trat im 20. Jahrhundert ein selbsternannter Nachfahre der Merowinger, nämlich Dagoberts II., auf, der seine Herkunft und Verbindung zur von ihm selbst gegründeten Prieuré de Sion in eigens erstellten Dossiers „bewies“, die er als anonyme Schenkungen in der Pariser Nationalbibliothek hinterlegen ließ. Dort erklärte er Berühmtheiten wie Leonardo da Vinci, Isaac Newton, Victor Hugo, Claude Debussy, Jean Cocteau und andere mehr zu Mitgliedern der Prieuré de Sion.

Thriller und Plagiat

Die Katherer und Templer wurden ebenfalls in die Geschichte um die Erben des Heiligen Grals eingebunden. Plantard nahm schon bald (fast) niemand mehr ernst. Er variierte seine Versionen von der Geschichte der Prieuré de Sion und nahm sie schließlich ganz zurück. Doch erfuhr die Legende eine erneute und sehr erfolgreiche Verbreitung 2003 in dem Thriller „The Da Vinci Code“ bzw. auf Deutsch „Sakrileg“ von Dan Brown. Lincoln, Baigent und Leigh bezeichneten Browns Roman als Plagiat und strengten – letztlich vergeblich – eine Urheberschutzklage an. Mit dieser Klage gaben die Autoren allerdings zu, dass ihre Aussagen und Schlüsse nicht den historischen Tatsachen entsprechen, sondern ihrer Vorstellungswelt erwachsen sind. Denn eine wiederholte Darstellung historischer Fakten kann nicht mit einem Plagiatsvorwurf belegt werden, nur eine eigene Idee oder Erfindung kann plagiiert werden. Mit der Klage standen die drei Autoren öffentlich ein, „dass alles, was sie als historische Wahrheit verkauft hatten, reine Phantasie war“ (Eco 2013, S. 422).

Für den Geschichtsunterricht ist die Verschwörungstheorie um die angeblichen Nachkommen Jesu und den Heiligen Gral ein fruchtbares Beispiel, wie in der Geschichtskultur mit Verschwörungstheorien umgegangen wird und sie Teil einer sehr profitablen medialen Vermarktung werden können: Sowohl Dan Brown, die Filmindustrie, aber auch Lincoln, Baigent und Leigh, deren Buch über den heiligen Gral als maßgebliches Hintergrundwerk zum Roman Browns neuaufgelegt und beworben wurde, und auch das Dorf Rennes-le-Château mit seinen nicht mal 100 Bewohnern durch den anhaltenden Touristenboom profitieren von der Verschwörungstheorie. Diese Zusammenhänge im Unterricht aufzuzeigen und deutlich zu machen, dass Vertreter von Verschwörungstheorien wie Lincoln, Baigent und Leigh sich durchaus bewusst sind, dass ihre Werke keine historische Wahrheit darstellen, sondern ihrer Phantasie entsprungen sind, die sich historischer Versatzstücke bedient, ohne jedoch ein Körnchen Wahrheit in sich zu tragen, ist Aufgabe eines kritischen Umgangs mit Geschichtskultur im Geschichtsunterricht.

Verschwörungstheorien um Freimaurer und Illuminaten

Verschwörungstheorien im Mittelalter und der Frühen Neuzeit

Die Verschwörungstheorien um das erfundene Mittelalter und die Nachkommen Jesu sind Erfindungen des 20. Jahrhunderts. Die Antike kannte durchaus Verschwörungen und Redner wie Cicero in seinen „Reden gegen Verres", die ihren Gegnern konspirative Tätigkeiten vorwarfen. Diese Verschwörungsgerüchte werden vor allem im Lateinunterricht oder im Geschichtsunterricht der Oberstufe thematisiert, wenn das Curriculum eine längere Untersuchung der Römischen Republik und die Zeit des Augustus fordert.

Nach Butter „existierten im Mittelalter keine Verschwörungstheorien im engeren Sinne, weil es weder eine Öffentlichkeit für die Anschuldigungen noch das für solche Theorien nötige Verständnis von Zeitlichkeit gab" (Butter 2018, S. 145). Pogrome gegen die jüdische Bevölkerung wurden allenfalls mit Versatzstücken von Verschwörungstheorien gerechtfertigt. Erst mit dem Aufkommen des Buchdrucks entwickelten und verbreiteten sich Verschwörungstheorien gegen Hexen, den Teufel und den Antichrist, der im „Zentrum der Verschwörungsanschuldigungen [steht], die während der von der Reformation und der Spaltung der Kirche ausgelösten Religionskriege verbreitet wurden“ (Butter 2018, S. 146 f., vgl. Wippermann 2010, S. 20–46).

Verschwörungstheorien während der Aufklärung

Während vor allem die Hexenverfolgung im Geschichtsunterricht thematisiert wird, ohne dass dabei auf das Konstrukt von Verschwörungstheorien eingegangen zu werden braucht, sind die zu Zeiten der Aufklärung und der Französischen Revolution aufkommenden Verschwörungstheorien gegen Freimaurer und Illuminaten durchaus bedeutsam für den historischen Unterricht. An diesen, immer wieder neu vorgetragenen Verschwörungstheorien können die Schülerinnen und Schüler lernen, dass jene als legitimes Wissen in der bürgerlichen Öffentlichkeit kursierten. Butter stellt die These auf: „Von George Washington bis Dwight D. Eisenhower gibt es vermutlich keinen amerikanischen Präsidenten, der nicht an Verschwörungstheorien glaubte“ (Butter 2018, S. 149). Im Zuge der Thematisierung amerikanischer Geschichte lohnt ein kritischer Blick auf die Erfolge der „Know Nothing Party“, welche die Verschwörungstheorie vertrat, katholische Mächte und Einwanderer aus Europa wollten die Demokratie in den Vereinigten Staaten zerstören.

Freimaurer und Illuminaten

Didaktisch interessant und von einer gewissen Relevanz für den Geschichtsunterricht ist das Aufkommen von Verschwörungstheorien gegen Freimauer und Illuminaten als Verursacher der Französischen Revolution. Die Thematisierung dieser Verschwörungstheorien kann in eine Unterrichtseinheit zur Französischen Revolution eingeflochten werden, schließlich sind Freimauer und Illuminaten bis in die Gegenwart Gegenstand von Verschwörungstheorien und unzähliger erfolgreicher populärer Werke der Geschichtskultur.

Die seit dem beginnenden 18. Jahrhundert aktiven Freimauer vertreten Ideale der Aufklärung wie Brüderlichkeit, Humanität und Toleranz. Die Welt wollten sie nicht durch eine Revolution verändern, sondern über geheime Versammlungen in ihren Logen, in denen sie ihre Werte der Toleranz und Gleichheit praktizierten. Aufklärung, Erziehung, Gespräch und Einsicht waren ihre Mittel der Änderung (vgl. Wippermann 2010, S. 48).

Im Unterschied zu den Freimaurern wollte der 1776 von Adam Weishaupt gegründete Illuminatenorden die Menschen zwar auch zu vernünftigem und sittlichem Handeln bewegen, hatte aber eine gewaltfreie politische Zielsetzung, die die Gegner der Illuminaten als revolutionär deklarierten. Weishaupt erachtete die Unterwanderung von Staats- und Kirchenämtern sowie Freimauerlogen als geeignetes politisches Mittel. Allerdings wird der Illuminatenorden bei dem Versuch, Behörden wie das Reichskammergericht zu unterwandern, aufgehalten und bereits 1785 verboten.

Freimauer und Illuminaten sind Gegnern der Aufklärung oder Vertretern der Kirche ein Dorn im Auge gewesen. Vor allem ihre Organisation als geschlossene Geheimgesellschaft regt die Phantasie der Zeitgenossen an. Bekannt wird besonders die von dem Jesuiten Augustin Barruel zwischen 1791 und 1798 verbreitete Verschwörungstheorie, Freimaurer und Illuminaten als Anhänger des Jakobinismus wollten durch Revolution jede Religion und Regierung zerstören, um – so Johann August von Starck 1803 – die Weltherrschaft zu erlangen. Auch wenn die Illuminaten verschwanden und die Freimaurer friedlich in ihren Logen sich bildeten und diskutierten, blieben die Verschwörungstheorien, die bereits um antisemitische Elemente erweitert wurden, als Juden noch gar nicht den Freimaurerlogen angehörten. Später machte man in Deutschland sowohl für den Ausbruch als auch Ausgang des Ersten Weltkriegs Juden und Freimaurer verantwortlich (vgl. Wippermann 2010, S. 53 und Stiftung Kloster Dalheim 2020, S. 146–162).

Im Geschichtsunterricht bietet sich eine Analyse der verschwörungstheoretischen Zuschreibungen zu den Freimaurern und Illuminaten an, die einerseits eine Verbindung der Freimaurer mit den Tempelrittern erfindet und anderseits um den Antisemitismus erweitert wird. Dabei ist die Frage zu diskutieren, warum die Freimaurer, die Ziele der Aufklärung verfolgen, mit dem Mittel der Verschwörungstheorie bekämpft werden. Des Weiteren kann ein Ausblick in die Geschichtskultur geschehen, um zu untersuchen, welche Verschwörungstheorien über Freimaurer und Illuminaten weiterhin im Umlauf sind.

Dolchstoßlegende

„Die deutsche Armee ist von hinten erdolcht worden", so zitiert Paul von Hindenburg die Aussage eines von ihm nicht benannten englischen Generals vor dem von der Weimarer Nationalversammlung eingesetzten Untersuchungsausschuss zur Frage der Kriegsschuld (Stiftung Kloster Dalheim 2020, S. 163). Zwar ist Hindenburg nicht der erste, der die Dolchstoßlegende vorträgt, aber seine Stimme sorgte dafür, dass sie populär wurde.

In der Dolchstoßlegende wird die unstrittig falsche Behauptung vertreten, das im Weltkrieg „unbesiegte" deutsche Heer wie auch seine Offiziere seien frei von einer Schuld an der deutschen Niederlage; die Unterstützung von der Heimatfront habe gefehlt oder wurde bewusst verwehrt, um erfolgreich weiter kämpfen zu können. In dem Bild des hinterrücks ausgeführten Dolchstoß wird die bekannte Szene aus dem „Nibelungenlied" aufgegriffen, in der Hagen den an sich unverwundbaren Siegfried durch einen Lanzenstoß tötet. Durch Verrat kannte Hagen die einzige Stelle, an der er Siegfried verletzten konnte. Die Übertragung der Szenerie um den Mord an Siegfried durch Hagen auf das Heer und die Zivilisten macht aus diesen hinterhältige Mörder unschuldiger Soldaten und Totengräber der hehren deutschen Kriegsziele. Zugleich erscheinen Soldaten, Offiziere und Oberste Heeresleitung frei von Schuld.

Drei Varianten der Dolchstoßlegende

Die Dolchstoßlegende erfuhr drei wesentliche Varianten, die die Ursachen und das Wesen der „Dolchstoßführenden" thematisieren (vgl. Evans 2020, S. 71–172): Zum einen führte man die Niederlage auf einen Zusammenbruch der Heimatfront zurück, die das Heer nicht mehr ausreichend mit Waffen, Munition und weiterem belieferte; auch stünde die Bevölkerung nicht mehr voll und ganz hinter dem Krieg, sondern wollte Frieden und untergrub so die Moral, was zu einer Schwächung der Truppen führte. Diese Erklärung übersieht freilich die desolate Lage, in der sich die deutsche Armee nach über vier Jahren Krieg befand und dass sich die abgekämpften Soldaten nach Frieden sehnten. Die Moral der Soldaten löste sich aus militärischen und nicht aus innenpolitischen Gründen auf und führte noch vor der Revolution zu einer Auflösung der Westfront (vgl. Evans 2020, S. 120). Zum anderen beschuldigten vor allem Nationalisten, Nationalsozialisten und Militaristen Sozialdemokraten und Kommunisten durch Streiks und Revolution gezielt die Front zum Zusammenbruch geführt zu haben, um die Monarchie abzuschaffen und einen sozialistischen Staat einzurichten. Die Erzählung weist im Unterschied zur ersten Darstellung, der die Verschwörer fehlen, die typischen Merkmale einer Verschwörungstheorie auf. Der Kreis der Verschwörer konnte leicht um Juden und Freimaurer ergänzt werden. Allerdings unterstellte man in der dritten, dezidiert antisemitischen Version den Juden, nicht als politische Verschwörer zu handeln, sondern aufgrund ihrer „Rasse" gegen „Arier" vorgehen zu müssen.

Die Dolchstoßlegende als Verschwörungstheorie kann im Geschichtsunterricht durch das bekannte Wahlplakat der DNVP von 1924 erschlossen und von ihren anderen Varianten unterschieden werden. In der Beurteilung der Dolchstoßlegende wird ihre nationalistische, militaristische und demokratiefeindliche sowie antisemitische Intention deutlich. Des Weiteren wird durch die Analyse des Umgangs mit der Dolchstoßlegende eine große Hypothek der Weimarer Republik sichtbar, die sich schwer damit tat, die Schuld an der Obersten Heeresleitung und der Kriegsführung an der Kriegsniederlage beim Namen zu nennen und aufzuarbeiten.

„Jüdische Weltverschwörung" und die „Protokolle der Weisen von Zion"

Antijüdische Verschwörungstheorien

Die jüdische Bevölkerung sah sich seit dem Mittelalter wiederholt dem Vorwurf des verschwörerischen Handelns ausgesetzt. Allerdings wurden in der Vormoderne noch keine vollständigen antijüdischen Verschwörungstheorien in den Umlauf gebracht. Während der Pestepidemie um 1348 bezeichnete man Juden zwar als Sündenböcke und Schuldige für die Krankheit und warf ihnen vor, Christen töten zu wollen. Doch im Unterschied zu den in der Frühen Neuzeit sich entwickelnden Verschwörungstheorien legte man keine Beweise für die Anschuldigungen vor, sondern verwies „nur auf das bösartige Wesen der Juden“ (Butter 2018, S. 162). Tatsächlich nehmen die Vorwürfe gegen die jüdische Bevölkerung ab und erst im Umfeld der Französischen Revolution wurden Verschwörungsvorwürfe gegen Juden wieder laut, die in Verschwörungstheorien, welche sich auch gegen Illuminaten, Freimaurer und später darüber hinaus gegen Katholiken und Sozialisten richten, enthalten waren. Mit Butter ist nicht von einer „Kontinuitätslinie von den antisemitischen Vorwürfen des Mittelalters zu den antisemitischen Weltverschwörungstheorien der Moderne in dem Sinne, dass ein religiöses Muster nach und nach säkularisiert worden wäre“, auszugehen (Butter 2018, S. 163). Während des 19. Jahrhunderts wiesen konservative Verschwörungstheorien den Juden einen zentralen Platz neben den Freimauern zu, den diese wohl deshalb einnahmen, da die „Geheimgesellschaft den Lesern vorerst noch deutlich gefährlicher erschien“ (Butter 2018, S. 164).

Weltweite Bekanntschaft erfuhr der Glauben an eine „jüdisch-freimaurerische Weltverschwörung“ durch die „Protokolle der Weisen von Zion“, dem „einflussreichsten Text des modernen Antisemitismus“ (Hagemeister 2020a, S. 56).

Die „Protokolle der Weisen von Zion“

Die „Protokolle“ erschienen zuerst 1903 in einer Petersburger Zeitung und fanden nach dem Ersten Weltkrieg eine sehr weite Verbreitung in Westeuropa und den USA. Der unbekannte Autor beschreibt in den „Protokollen“, wie Juden mithilfe der Freimaurer das öffentliche Leben unterwandern, durch Streitigkeiten, Rassenhass, Atheismus, Revolutionen, Krieg den Frieden und mit der Macht des Goldes die Wirtschaften zerstören, so dass um der Sicherheit und des Friedens willen den Juden freiwillig die Weltherrschaft übergeben wird.

Das unterstellte Streben der Juden nach globaler Herrschaft erklärte vielen die Krisen nach dem Ende des Ersten Weltkriegs, zu denen Wirtschaftskrisen, soziale Unruhen, politische Unsicherheit und die Angst vor einer Weltrevolution durch die Kommunistische Internationale gehörten. Daher konnten Gegensätze wie internationale Hochfinanz und Bolschewismus als „Phänomene“ der „jüdischen Weltverschwörung“ zugeschrieben werden (Hagemeister 2020a, S. 58).

Weder Verfasser noch Intention der „Protokolle" sind bekannt. Der Text ist „eine reine, zu großen Teilen auf einem Plagiat beruhende Fiktion" (Hagemeister 2020b, S. 144). Es sind die Zuschreibungen der verschiedenen Herausgeber und Kommentatoren, die aus dem Text ein „Protokoll" oder einen „Sitzungsbericht der Weisen von Zion" werden lassen. Die „Protokolle" können als Satire, Dystopie oder auch als Anleitung für Extremisten gelesen werden, da sie „mit ihrer Vision einer Fürsorgediktatur, die gekennzeichnet ist durch Führerkult, Massenpropaganda, Denunziantentum, straffe Organisation und das Streben nach Weltherrschaft, wesentliche Merkmale der großen totalitären Bewegungen des 20. Jahrhunderts" antizipieren (Hagemeister 2020b, S. 144). Hannah Arendt wies auf die Ähnlichkeit des Herrschaftsmodells und der politischen Methoden der angeblichen jüdischen Verschwörer mit der Organisation der Nationalsozialisten hin. Nach 1939 wurden die „Protokolle" nicht mehr in Deutschland gedruckt (vgl. Evans 2021, S. 23–69).

In der muslimischen Welt verbreiteten sich die europäischen Vorstellungen einer „jüdischen Weltverschwörung" massiv ab 1948 nach der Gründung und erfolgreichen Verteidigung des Staates Israels. So bezieht sich die sunnitische Hamas in ihrer Gründungscharta 1988 auf die „Protokolle". Für die muslimische Welt kommt Vanessa Walker zu dem Fazit: „Verbreitet wurden die antisemitischen Darstellungen vor allem durch die Massenmedien, und so sind antisemitische Darstellungen, insbesondere mit islamischer Überspielung, inzwischen nicht mehr aus der Massenkultur wegzudenken. Nahezu sämtliche islamistisch-antisemitischen Verschwörungstheorien beruhen auf säkularen modernen antisemitischen Verschwörungstheorien aus der europäischen Moderne" (Walker 2020, S. 167).

Nach dem 2. Weltkrieg blieb die Vorstellung einer „jüdischen Weltverschwörung" erhalten und erfuhr weitere Variationen. Begriffe wie „Internationalismus" und besonders „kosmopolitisch" gelten als „Tarn- und Ersatzwort für jüdisch" (Wippermann 2010, S. 111), zu dem sich das Codewort „Globalisten" gesellt. In den Verschwörungstheorien zu einer

„Neuen Weltordnung“, die davon ausgehen, dass die Souveränität der Nationalstaaten zugunsten einer Weltregierung bestehend aus einer kleiner Gruppe abgeschafft wird, finden sich in der Regel Motive aus den „Protokollen“, die in „Gegenöffentlichkeiten und Subkulturen“ sowie von den sog. Querdenkern und Reichsbürgern aufgegriffen werden. Die Mittel der angeblichen Verschwörerinnen und Verschwörer reichen „von Impfungen über Chemtrails und Genderideologie“ (Butter 2018, S. 168).

Antisemitische Motive und Codes in Verschwörungstheorien

Mit Butter ist darauf hinzuweisen, dass nicht „alle Versionen der Neuen-Weltordnungstheorien“ und der Querdenker „explizit antisemitisch“ sind, aber in ihren Bedeutungsangeboten „Motive aufgreifen, die aus der antisemitischen Verschwörungstheorietradition stammen“; sie müssen indes nicht zwangsläufig Juden erwähnen (Butter 2018, S. 168 f.). Jan Rathje hat mit Rückgriff auf die Forschungen Chip Berlets 14 „analogs“ bzw. Codes zusammengestellt, die als Vorwürfe in den „Protokollen“ geäußert werden, und weiterhin als Codes in Verschwörungstheorien erscheinen (ohne dass immer auf die „Protokolle“ verwiesen wird):

Verschwörer/Juden

1. verfolgen einen Welteroberungsplan (Welteroberungsplan)
2. arbeiten durch Freimaurerlogen (Freimaurerlogen)
3. nutzen den Liberalismus zur Schwächung von Kirche und Staat (Liberalismus)
4. kontrollieren die Presse (Kontrolle der Presse)
5. nutzen Radikale und Revolutionäre für ihre Zwecke aus (Radikale)
6. manipulieren die Wirtschaft, besonders durch Bankenmonopole und die Macht des Goldes (Wirtschaftsmanipulation)
7. fördern die Ausgabe von Papiergeld, das nicht an den Goldstandard gebunden ist (Währung ohne Goldstandardbindung)
8. fördern die Finanzspekulation und die Verwendung von Krediten (Finanzspekulation und Kredit)
9. ersetzen den traditionellen Lehrplan, um unabhängiges Denken zu verhindern (Kontrolle der Lehre)

10. fördern die Unmoral unter den christlichen Jugendlichen (Unmoral)
11. benutzen Intellektuelle, um Menschen zu verwirren (Intellektuelle)
12. kontrollieren „Marionetten“-Regierungen, sowohl durch geheime Verbündete als auch durch Erpressung gewählter Staatsdiener (Kontrolle der Regierungen)
13. schwächen Gesetze durch liberale Interpretationen (Aufweichen der Gesetze)
14. werden bürgerliche Freiheiten während eines Notfalls aussetzen und die Maßnahmen dann dauerhaft machen (Notstandsgesetze) (Rathje 2020, S. 194 f.).

In seiner kurzen qualitativen Studie zu einschlägigen Facebookeinträgen konnte Rathje nachweisen, dass verschwörungstheoretische Aussagen mit Bezug auf die Elemente der „Protokolle“ über antisemitische Codes „auf den alten Mythos der ‚jüdischen Weltverschwörung‘ zurückgeführt werden können“ (Rathje 2020, S. 202). Am häufigsten stieß Rathje auf die Elemente („analogs“) Kontrolle der Medien und Regierungen, Manipulation der Wirtschaft, Welteroberungsplan, Ausnutzen Radikaler und Revolutionäre sowie Behinderung des unabhängigen Denkens (vgl. Rathje 2020, S. 197).

Für den Geschichtsunterricht ist vor allem die Geschichte der „Protokolle“ und ihre Wirkung bedeutsam, sie eignen sich kaum als zu analysierende Quelle. Mit Blick auf die Gegenwartsorientierung des Geschichtsunterrichts sollten die (häufigsten) Codes thematisiert werden, damit die Schülerinnen und Schüler ihren grundsätzlichen antisemitischen Gehalt und ihre einseitige verschwörungstheoretische Deutung von Welt in populistischen Äußerungen erfassen und verstehen können. Mit Hilfe der Kenntnis der Codes lernen die Schülerinnen und Schüler antisemitische Äußerungen zu decodieren und verschwörungstheoretische Elemente von sachlichen Argumenten zu unterscheiden.

Holocaustleugnung

Auschwitzlüge

In den Zusammenhang mit der „jüdischen Weltverschwörung" gehört die „Auschwitzlüge", welche Wippermann als „die infamste aller Verschwörungsideologien" bezeichnet, da in ihr im Unterschied zu den übrigen Verschwörungstheorien „etwas dekonstruiert wird, was tatsächlich stattgefunden hat" (Wippermann 2010, S. 94). Die „Auschwitzlüge" beinhaltet zum einen, dass die Verbrechen des Holocausts geleugnet werden, zum anderen werden „die Juden" für die Verbreitung dieser „Lüge" verantwortlich gemacht; angeblich verbreiten sie die „Lüge", um so politische Unterstützung und materielle Vorteile zu erhalten.

In der Vorstellung von der Verbreitung der „Auschwitzlüge" durch „die Juden" wird die Verschwörungstheorie deutlich. Vertreterinnen und Vertreter der „Auschwitzlüge" sind Geschichtsrevisionisten und oft auch Nationalsozialisten. Die erste Holocaustleugnung geht auf den Franzosen Paul Rassinier aus dem Jahr 1950 zurück, den Begriff der „Auschwitzlüge" hat der Rechtsextremist Thies Christophersen 1973 geprägt. In dem Leuchter-Report von 1988 wollte man nachweisen, dass es technisch nicht möglich gewesen sei, in Auschwitz so viele Menschen wie behauptet zu vergasen, detaillierte Studien haben indes die „Unsinnigkeit" der Thesen des Reports nachgewiesen (Wippermann 2010, S. 96). Die Leugnung des Holocausts ist in der Bundesrepublik Deutschland strafbar.

Im Geschichtsunterricht bietet sich weniger eine quellenbasierte Auseinandersetzung mit den Behauptungen der Holocaustleugnerinnen und -leugnern als vielmehr eine Untersuchung von Darstellungen über die „Auschwitzlüge" an, um beurteilen zu können, wer von ihrer Verbreitung profitiert. Durch das Vertreten der „Auschwitzlüge" werden die Verbrechen des Nationalsozialismus verharmlost und geleugnet, die Demokratie und ihre Errungenschaften unterlaufen, es wird in einem offenen Diskurs getestet, was sagbar ist, und Antisemitismus vertreten. In Deutschland – aber nicht in allen Ländern der Welt – ist die Holocaustleugnung strafbar. An diese Tatsache kann der Geschichtsunterricht anknüpfen und die Argumentation herausarbeiten, aus der hervorgeht, warum es für Deutschland so wichtig ist, die Holocaustleugnung unter Strafe zu stellen. Erst mit diesem Verständnis kann man thematisieren, warum in anderen Ländern nicht gegen die Verbreitung der „Auschwitzlüge" eingeschritten wird.

„Reichsbürger" und „Selbstverwalter"

Zum Unterschied „Reichsbürger" und „Selbstverwalter"

Sammelbecken für diverse antisemitische und rechtsextreme Verschwörungstheorien sind „Reichsbürgerinnen" und „Reichsbürger" sowie „Selbstverwalterinnen" und „Selbstverwalter", die die Ansicht vertreten, dass das „Deutsche Reich" fortbestehe und die Bundesrepublik Deutschland folglich kein souveräner Staat sei. Selbstverwalter wollen aus der Bundesrepublik „austreten", Reichsbürger das „Deutsche Reich" wieder herstellen.

„Selbstverwalter" und „Reichsbürger" stellen ein politisches und gesellschaftliches Problem der Gegenwart dar, wenn sie Behörden einschüchtern oder gegen sie vorgehen, sich Fantasiedokumente (Ausweise, Führerscheine etc.) ausstellen, Verschwörungstheorien verbreiten oder Gewalttaten begehen. Didaktisch ist ihre Thematisierung vor allem im Politikunterricht zu verorten. Erwähnung im Geschichtsunterricht finden sie in der Regel von Schülerinnen- oder Schülerseite, wenn diese Positionen der Reichsbürger wiederholen, sei es aus fragendem Interesse, sei es, um ihre Lehrkraft zu provozieren (vgl. Peters 2017). In diesen Fällen ist spezifisches Wissen der Lehrperson gefragt. In der Regel genügt die sachliche Klarstellung, um vereinzelte, irrige Positionen aus dem Weg zu räumen, sollten indes weitere Fragen bestehen bleiben, bietet sich eine aktuelle Stunde zu den „Reichsbürgern" an.

Positionen der „Reichsbürger" und „Selbstverwalter"

Folgende Behauptungen gehören zur Ideologie der „Reichsbürger" und „Selbstverwalter" (vgl. Amadeu Antonio Stiftung 2018, S. 33 f.): Sie gehen davon aus, dass das Grundgesetz nicht unsere Verfassung darstellt und beziehen sich dabei auf Artikel 146 des Grundgesetzes, der besagt: Das Grundgesetz „verliert seine Gültigkeit an dem Tage, an dem eine Verfassung in Kraft tritt, die von dem deutschen Volke in freier Entscheidung beschlossen worden ist." Tatsächlich wurde das Grundgesetz als Verfassung von den Siegermächten, die von dem parlamentarischen Rat die Erstellung einer Verfassung gefordert haben, anerkannt. Das Grundgesetz erfüllt auch nach 1990 die Funktion einer Verfassung. Als rechtmäßige gültige Verfassung hebt das Grundgesetz die Weimarer Verfassung auf. Auch ohne direkte demokratische Legitimation ist das Grundgesetz als Verfassung gültig, eine indirekte Legitimation fand durch die Mitglieder des Parlamentarischen Rates statt, die als Delegierte der Landtage gewählt worden waren. Durch die sog. „Ewigkeitsklausel" (GG, Art. 79) änderte sich die Gültigkeit des Grundgesetzes durch die Wiedervereinigung nicht.

Des Weiteren behaupten die Selbstverwalter und Reichsbürger, dass Deutschland nicht souverän sei, sondern weiterhin das Besatzungsrecht gelte; auch existiere kein Friedensvertrag. Doch schon seit den 1950er-Jahren galten die DDR (1954) und die BRD (1955) aus der Sicht ihrer jeweiligen Verbündeten als souveräne Staaten. Der Zwei-plus-Vier-Vertrag garantiert die Souveränität des wiedervereinigten Deutschland und machte zudem gesonderte Friedensverträge hinfällig. In den 1950er-Jahren hatte es bereits einseitige Friedenserklärungen der Alliierten gegeben.

Ferner behaupten Reichsbürger, dass die Bundesrepublik Deutschland eine GmbH bzw. Firma sei. Sie stützen diese „Idee" auf die Tatsache, dass Behörden und Verfassungsorgane in Firmenverzeichnissen aufgeführt werden und der Personalausweis die Trägerinnen und Träger zu „Personal" der „BRD GmbH" werden lasse. Da Behörden und Verfassungsorgane am Wirtschaftssystem teilnehmen, werden sie in den entsprechenden Verzeichnissen geführt, ohne dadurch zu Firmen zu werden. Die Bundesrepublik ist keine GmbH. Das „Personal" im Personalausweis steht für Personalien. Durch die Bezeichnung allein wird man nicht zu einem Personal.

Verschwörungstheorien um den 11. September 2001

Die Terroranschläge vom 11. September 2001 stellen wie der Berliner Mauerfall oder das Ende des Kalten Krieges eine Zäsur in der jüngeren Geschichte dar. In den Lernplänen und im Geschichtsunterricht markieren sie häufig thematisch das zeitliche Ende des ersten Durchgangs durch die Geschichte in der Sekundarstufe I. Der ungeheuerliche und zuvor unvorstellbare Terroranschlag schockierte 2001 die Welt. Das an sich unwahrscheinliche Ereignis brachte grundlegende Fragen hervor: Wie war es möglich, dass 19 junge Männer Flugzeuge entführen und diese in die Twin Towers des World Trade Centers und ins Pentagon lenken konnten? Wie konnte es geschehen, dass die riesigen Türme überhaupt zusammenfielen? Wer steckte hinter dem Anschlag?

Die Unwahrscheinlichkeit des Anschlages führte zu unwahrscheinlichen Antworten. Dass zu dem Terroranschlag zahlreiche Verschwörungstheorien gebildet wurden, hängt mit dem unbegreiflichen Ereignis an sich und der Unzufriedenheit der Verschwörungstheoretikerinnen und -theoretiker mit den offiziellen Erklärungen zusammen, die viele Fragen offenließen oder Ungereimtheiten enthielten (vgl. Hepfer 2016, S. 159). Verstärkt wurden die Bemühungen der Suche nach einer anderen „Wahrheit", als sich die Begründungen der US-Regierung für den Irakkrieg 2003 als falsch herausstellten; immer weniger Menschen schenkten den offiziellen Verlautbarungen zu 9/11 Glauben, sondern immer mehr trauten der amerikanischen Regierung sogar zu, für die Anschläge zumindest mitverantwortlich zu sein.

Der 11. September 2001 als Superverschwörungstheorie

Weltweite Verbreitung erfuhren die Verschwörungstheorien durch das aufkommende Breitband-Internet. Die Verschwörungstheorien um den 11. September entwickelten sich zu einer „Superverschwörungstheorie" (Butter 2018, S. 34 f.), da in ihr verschiedene synchrone und bereits vorhandene antisemitische und antiamerikanische Verschwörungstheorien integriert wurden und sie auf andere Verschwörungstheorien einwirken.

Wegen der medialen Präsenz ist davon auszugehen, dass zumindest einige Schülerinnen und Schüler Verschwörungstheorien zum 11. September kennen und ihnen vielleicht sogar Glauben schenken (vgl. Peters 2019). Es bietet sich aufgrund der Komplexität des Themas eher an, mit den Lernenden vor allem Ergebnisse des *debunking* ausgewählter Thesen der Verschwörungstheorien zu erschließen, also darstellende Texte über Verschwörungstheorien zum 11. September zu erarbeiten, als sich mit Ausführungen der Verschwörungstheoretiker auseinanderzusetzen. Zu den zentralen verschwörungstheoretischen Aussagen gehört die unbewiesene Behauptung, die US-Regierung habe die Anschläge geplant, um Krieg gegen den Irak führen zu können. Diese These fördert Antiamerikanismus und generelles Misstrauens gegenüber demokratischen Regierungen und Demokratie. Weiter wird behauptet, die Türme des World Trade Centers seien gesprengt worden, da das durch das Kerosin verursachte Feuer nicht genügend Hitze entwickeln könnte, um den Stahl zu schmelzen. Gegen diese These spricht, dass weder Spuren einer Sprengung wie Kabel bei den Aufräumarbeiten gefunden wurden, noch dass die erforderlichen wochenlangen Arbeiten in den Türmen zur Vorbereitung der Sprengung unbemerkt geblieben wären. Tatsächlich wird Stahl bereits bei niedrigeren Temperaturen instabil. Mit dieser Verschwörungstheorie will man Misstrauens gegen etablierte Medien schüren, die angeblich Fake News im Auftrag der Regierungen verbreiten, von denen sie kontrolliert werden. Als Antisemitismus und Wiederaufnahme und Verbreitung der Vorstellung einer „jüdischen Weltverschwörung“ erweist sie die Unterstellung, dass jüdische Mitarbeiterinnen und Mitarbeiter vor den Anschlägen gewarnt wurden. Blickt man jedoch vergleichend auf die Opferzahlen, so ist die Anzahl der jüdischen Toten überrepräsentiert. Den gleichen Hintergrund hat die abwegige und unlogische Vorstellung, der israelische Geheimdienst habe die Anschläge organisiert. Hier findet zudem eine Opfer-Täter-Verdrehung statt, da Muslime in diesem Konstrukt als Opfer und Juden als Täter dargestellt werden.

Weitere Verschwörungstheorien

In den vorherigen Abschnitten wurden einige Verschwörungstheorien vorgestellt, deren Thematisierung im Geschichtsunterricht didaktisch sinnvoll sein kann. Im Folgenden benenne ich weitere konspirative Konstrukte, die ebenfalls Berücksichtigung im historischen Unterricht finden können. Freilich ist es nicht möglich, alle historischen Verschwörungstheorien hier aufzuzählen. Des Weiteren ist zu bedenken, dass auch immer neue Verschwörungstheorien zu historischen Themen entstehen können. So verweisen derzeit Impfgegner auf frühere Epidemien wie die Spanische Grippe, um auf angebliche Gefahren durch das Impfen hinzuweisen.

Verschwörungstheorien im 20. Jahrhundert

Diktaturen greifen auf Verschwörungstheorien zurück, um gegen politische Feinde, die sie als Verschwörer gegen ihr Regime brandmarken, vorzugehen und diese zu vernichten. Dieses Verfahren nutzten sowohl Hitler bei dem angeblichen „Röhm-Putsch" als auch Stalin zur Legitimation der Hinrichtung der „Mitverschwörer" um Leo Trotzki. Im Unterricht bietet sich etwa eine kritische Analyse der Erklärung der Reichspressestelle vom 30.6.1934 an (abgedruckt in Hofer 1985, S. 66 f.), in der eine angebliche Verschwörung Röhms gegen Hitler konstruiert und als Begründung für die Ermordung Röhms herangezogen wird.

In den USA fürchtete man in den 1950er-Jahren der McCarthy-Ära eine Unterwanderung amerikanischer Staatsorgane durch Kommunisten. Auch in der Bundesrepublik sah man sich von einer kommunistischen Verschwörung bedroht, was man auf einigen Wahlplakaten aus dieser Zeit sehr deutlich erkennt. In der DDR unterstellte man dem Westen, Kartoffelkäfer bzw. „Ami-Käfer" mittels Flugzeugen über den Feldern zur Vernichtung der Erträge abzuwerfen sowie die Aufstände vom 17.6.1953 veranlasst zu haben.

In den 1960er-Jahren entstanden Verschwörungstheorien um die Ermordung John F. Kennedys, die als mögliche Täter die Mafia, Kuba, die Sowjetunion und die amerikanische Regierung aufführen; die Konstrukte erhielten durch erfolgreiche Kinofilme wie „John F. Kennedy – Tatort Dallas" von Oliver Stone aus dem Jahr 1991 Vorschub. Ähnlich populär ist die Behauptung, die Amerikaner hätten nie einen Fuß auf den Mond gesetzt, sondern die Mondlandung nur inszeniert. Im Umlauf ist weiterhin die Verschwörungstheorie, dass sich 1977 die in Stammheim inhaftierten RAF-Terroristen nicht selbst getötet hätten, sondern durch den Staat ermordet wurden.

5. Wie soll man mit Verschwörungstheorien im Geschichtsunterricht umgehen?

Wege der Thematisierung

Grundsätzlich sind zwei Situationen denkbar, in denen Verschwörungstheorien im Geschichtsunterricht thematisiert werden.

1. *Von den Schülerinnen und Schülern ausgehend*: Die Schülerinnen und Schüler erwähnen eine Verschwörungstheorie im Unterricht. Dabei weisen die Anlässe für eine Thematisierung ein breites Spektrum auf. So können die Schülerinnen und Schüler inhaltlich gegenüber ihrer Lehrperson ihr Interesse an einer Verschwörungstheorie bekunden und weitere Informationen wünschen. Eine gefestigte Haltung der Lehrkraft ist gefordert, wenn die Schülerinnen und Schüler die Ansicht und Meinung der Lehrkraft zu einer Verschwörungstheorie hören oder Verschwörungstheorien als alternative Geschichte den Darstellungen im Geschichtsunterricht (durchaus provokativ) gegenüberstellen wollen.

Thematisierung von Verschwörungstheorien durch die Schülerinnen und Schüler

Wenn spontan, also ohne dass eine Thematisierung von der Lehrperson antizipiert wurde oder vorbereitet werden konnte, eine Verschwörungstheorie im Unterricht angesprochen wird, muss die Lehrkraft entsprechend flexibel reagieren. Nicht vorteilhaft ist, wenn sie die Verschwörungstheorie beiseiteschiebt – auch wenn ihr die Hintergründe unbekannt oder wenig geläufig sind – da so die Verschwörungstheorie als latente Störung weiter im Raum steht und die fachliche Autorität der Lehrkraft in Frage gestellt werden kann. Auch die Öffnung des Unterrichts um die Hinzunahme des möglichen Wissens der Schülerinnen und Schüler kann ungünstig verlaufen, da die Lehrkraft die zu erwartenden Spekulationen ohne Vorbereitung kaum korrigieren kann, ihr bleibt dann oft nur der Rückzug und der Verweis auf die Unwahrscheinlichkeit der Verschwörungstheorie. Stattdessen sollte die Lehrperson die Schülerinnen und Schüler, die die Verschwörungstheorie hervorgebracht haben, knapp um eine Benennung ihrer Quellen bitten, ehrlich die eigene Position und/oder den eigenen (Un-)Kenntnisstand zu der Verschwörungstheorie deutlich machen. Die Lehrkraft kann gegebenenfalls die Thematisierung der Verschwörungstheorie für eine materialgestützte Auseinandersetzung mit der gesamten Lerngruppe in der Folgestunde nutzen, dazu einen kurzen Lehrervortrag zum konspirativen Konstrukt halten, auch um zu zeigen, dass man das Anliegen der Schülerinnen und Schüler ernstgenommen und aufgegriffen hat. War die Erwähnung der Verschwörungstheorie indes als Provokation gedacht, solle man ihr keinen oder nur einen geringen Raum im Unterricht geben, sondern ein erzieherisches Gespräch mit den entsprechenden Schülerinnen und Schülern führen.

Thematisierung von Verschwörungstheorien durch die Lehrkraft

2. *Von der Lehrperson ausgehend*: Gut vorbereitet und gezielt können historische Verschwörungstheorien sowie Verschwörungstheorien der Gegenwart und Geschichtskultur über die Vergangenheit im Geschichtsunterricht von der Lehrkraft gewinnbringend in vorhandene Unterrichtsvorhaben eingebunden werden. Dieses geschieht zum einen durch die Erschließung von Darstellungen über Verschwörungstheorien. Zum anderen können die Schülerinnen und Schüler durch die Analyse von Verschwörungstheorien lernen, wie sie konspirative Konstrukte erkennen, wie diese funktionieren und wie diese zu entschlüsseln sind, um sich gegen Verschwörungstheorien und die in ihnen geäußerten Codes wehren zu können. Durch die Analyse und Bewertung einer Verschwörungstheorie und der verwendeten Codes erwerben die Lernenden wichtige Methoden des kritisch-historischen und politischen Arbeitens und narrative Kompetenzen. Grundsätzlich werden den Schülerinnen und Schülern wesentliche aufklärerische Ziele und Grundsätze des Faches wie Perspektivität, Kontroversität, Pluralität, Rationalität vermittelt, wenn man mit ihnen Verschwörungstheorien thematisiert. Durch die Unterscheidung von heterodoxen Verschwö-

rungstheorien und orthodoxer Geschichtsschreibung eignen sie sich zudem fundamentales fachliches Wissen an, auf das sie in ihrem gesellschaftlichen Leben zurückgreifen können, wenn sie sich mit historischen (und politischen) Themen auseinandersetzen.

Didaktische Überlegungen

Quelle oder Darstellung? Diese grundsätzliche Frage bei der Planung von Geschichtsunterricht stellt sich freilich auch bei der Thematisierung von Verschwörungstheorien.

Auseinandersetzung mit Verschwörungstheorien über Darstellungen

1. Verschwörungstheorien wie „Das erfundene Mittelalter", „Der heilige Gral und seine Erben", um das „Kennedy-Attentat" oder die „Mondlandungslüge" können dafür genutzt werden, Themen aus der Geschichtskultur zu untersuchen, die Methodik des historischen Arbeitens zu verdeutlichen und eine kritische Haltung gegenüber konspirativen Konstrukten zu begründen und zu fördern. In kurzen Unterrichtssequenzen wird grundsätzlich dargelegt und vermittelt, was überhaupt eine Verschwörungstheorie ist, wie eine Verschwörungstheorie funktioniert, welche Ziele sie verfolgt, welche Gefahren sie birgt und wie man sie kritisieren und widerlegen kann. Die Auseinandersetzung über Darstellungen kann durch Internetrecherchen ergänzt werden, da sich zu diesen Themen schnell gehaltvolle und für den Geschichtsunterricht brauchbare Seiten finden lassen.

Auseinandersetzung mit Verschwörungstheorien über Darstellungen und Quellen

2. Eingebunden in die dazugehörigen Unterrichtsreihen sollte man im Geschichtsunterricht exemplarisch Verschwörungstheorien aus der Vergangenheit thematisieren und dabei auf die Bedeutung von Verschwörungstheorien in der Geschichte eingehen. Die Schülerinnen und Schüler lernen, dass Verschwörungstheorien vom 18. bis weit ins 20. Jahrhundert hinein sehr einflussreich gewesen waren (vgl. Butter 2018, S. 150). Beispiele, die sich gut in den Geschichtsunterricht integrieren lassen, sind die vorgestellten Verschwörungstheorien über Illuminaten, Freimaurer, Sozialisten und Kommunisten, die Dolchstoßlegende sowie die Verschwörungstheorien, welche die Nationalsozialisten als politisches Mittel einsetzten, beispielsweise im Parteiprogramm der NSDAP, zur

Rechtfertigung des „Röhm-Putsches", zur Beurteilung des Reichstagsbrands 1933, als Begründung des Kriegsbeginns 1939 und des „Weltanschauungskriegs" gegen die Sowjetunion sowie die „jüdische Weltverschwörung" aus der Sicht der Nationalsozialisten. Hier lassen sich historische Darstellungen mit kurzen schriftlichen sowie bildhaften Quellen kombinieren.

Zum Umgang mit Verschwörungstheorien im Internet

3. Komplexer gestaltet sich der Umgang mit extremistischen, politisch brisanten und geschichtsverfälschenden Verschwörungstheorien und konspirativen Konstrukten, wie den Verschwörungstheorien zum 11. September 2001, zur „jüdischen Weltverschwörung" in Geschichte und Gegenwart, Holocaustleugnung, zu den Konstrukten der „Reichsbürgerbewegung" und der Vorstellung von einer „Neuen Weltordnung". Verschwörungstheorien zu diesen Themen sind leicht zugänglich und können daher recht einfach in den Unterricht eingebracht werden. Doch ist bei diesen Verschwörungstheorien im Vorfeld sehr genau zu prüfen, ob, in welcher Form und in welchem Umfang man den Schülerinnen und Schülern Texte und Internetseiten mit diesen konspirativen Konstrukten zugänglich machen will. Diese Texte enthalten oftmals sehr viele Ungenauigkeiten und Fehler, die eine sehr intensive und langandauernde Detailarbeit verlangen. Wie erwähnt verweisen diese Seiten mit Verschwörungstheorien oft auf andere extremistische Inhalte oder sind mit ihnen verlinkt. Durch eine Internetrecherche im Unterricht könnten die Schülerinnen und Schüler also auf andere abwegige, konspirative Konstrukte stoßen, vor denen man sie eigentlich bewahren will. In diesen Fällen ist es in der Regel sinnvoller, nur exemplarisch mit Textauszügen, die Elemente der Verschwörungstheorie enthalten, zu arbeiten, um etwa die verwendeten Codes zu untersuchen, und im Übrigen auf Darstellungen zurückzugreifen, die zentrale Inhalte und Aspekte der Verschwörungstheorien wiedergeben, sich mit ihnen auseinandersetzen und diese widerlegen. Nichtsdestoweniger sollten Schülerinnen und Schüler methodisch in der Analyse von Verschwörungstheorien unterwiesen werden und sich mit verschwörungstheoretischen Materialien und Codes auseinandersetzen.

6. Beispielanalyse einer Verschwörungstheorie über die Spanische Grippe

Quelle

https://www.zentrum-der-gesundheit.de/bibliothek/sonstige-informationen/weitere-informationen/spanische-grippe, erschienen am 29.8.2021, aufgerufen am 24.3.2023

Allgemeine methodische Hinweise

Darstellungen über Verschwörungstheorien unterscheiden sich in ihrem orthodoxen wissenschaftlichen Anspruch nicht von anderen Darstellungen, die im Geschichtsunterricht untersucht werden. Aus diesem Grund wäre es redundant, hier auf den methodischen Einsatz von Texten über Verschwörungstheorien im Geschichtsunterricht einzugehen. Die Methode der Quellenanalyse lässt sich indes nicht ohne Weiteres auf die Analyse einer Verschwörungstheorie übertragen.

Das *debunking* von Verschwörungstheorien als besondere Form der Quellenanalyse

Die Analyse eines konspirativen Konstrukts zu einem historischen Thema oder auch der Vergangenheit nimmt zwar die Struktur einer Quellenanalyse auf, weist indes einige Eigenheiten auf, die sich aus dem Format und den Eigenheiten von Verschwörungstheorien ergeben. Wenn man also Verschwörungstheorien im Geschichtsunterricht bzw. im historisch-politischen Unterricht als Quelle thematisiert, müssen die Schülerinnen und Schüler über besondere Kompetenzen verfügen, um eine Verschwörungstheorie als konspiratives Konstrukt erkennen, dechiffrieren und entlarven (*debunking*) sowie von einer erkenntnistheoretisch fundierten, orthodoxen historischen Erzählung differenzieren zu können.

Folgende Hinweise benennen Schritte und Aspekte zur Analyse und zum *debunking* von Verschwörungstheorien (zum *debunking* vgl. Butter 2018, S. 54 f.) und können durchaus zusammen mit den anschließenden Erläuterungen den Schülerinnen und Schülern an die Hand gegeben werden.

Vorgehen zur Analyse von Verschwörungstheorien

1. Herkunft/Quelle
- Wer steckt hinter dem Text?
- Wann wurde der Beitrag veröffentlicht?
- Wie vertrauenswürdig ist die Quelle?

2. Präsentation des Textes
- Wie wird der Text präsentiert?
- Welchen Eindruck will der Text oder die Internetseite auf die Betrachterin oder den Betrachter machen?

3. Inhalt
- Welche zentralen Aussagen werden in dem Text vertreten?
- Wie lautet die Kernaussage des Textes?

4. Personen
- Welche Personen und Gruppierungen sind relevant?
- Wie werden die Beteiligten beurteilt? Wem wird eine positive, wem eine negative Rolle zugedacht?

5. Argumentationsweise und Sprache
- Wird die zentrale Aussage von vorneherein gesetzt oder wird die Aussage aus Fakten geschlossen?
- Werden Hypothesen aufgestellt und abwägend überprüft?
- Ist die Darstellung übermäßig eindeutig und einseitig?
- Wie wird argumentiert? Wird auf Gegenmeinungen oder Widersprüche eingegangen?
- Wie differenziert sind die Aussagen? Sind Widersprüche in der Argumentation zu erkennen?
- Welche moralischen Wertungen werden vorgenommen?
- Was fällt an der Wortwahl auf?

6. Umgang mit den Quellen
- Wer wird zitiert? Wohin führen die Links?
- Wie glaubwürdig sind die Quellen?

7. Überprüfen der inhaltlichen Richtigkeit
- Sind die Aussagen nachvollziehbar und korrekt?
- Sind die Aussagen wissenschaftlich richtig und fachlich begründet?

8. Was wäre, wenn die Behauptungen wahr wären?

- Wie wahrscheinlich sind die Behauptungen und das entworfene Szenario?
- Wie sähe unsere Welt aus, wenn die Behauptungen wahr wären?

9. Welche Ziele werden mit der Veröffentlichung verfolgt?

Erläuterungen zum Vorgehen

Bereits der Veröffentlichungsort und die Gestaltung eines Textes sagt viel über seine Qualität und Glaubwürdigkeit aus, besonders wenn man sich etwa durch das Layout von anderen, etablierten Nachrichtenseiten abheben will. Allerdings werden Verschwörungstheorien auch auf seriös wirkenden Internetseiten publiziert.

Verschwörungstheorien werden oft ohne Nennung einer Autorin oder eines Autors veröffentlicht oder einfach von anderen Seiten kopiert. Daher ist es meistens nicht möglich, eine Verfasserin oder einen Verfasser zu bestimmen. Zu beachten ist ferner der Veröffentlichungszeitpunkt, um einschätzen zu können, wie aktuell die Informationen sind. Wichtige Hinweise hinsichtlich der Glaub- und Vertrauenswürdigkeit gibt das Impressum. Durch die Analyse des Argumentationsganges kann man überprüfen, ob eine Negation des Vetorechts der Quellen vorliegt. Ein Merkmal von Verschwörungstheorien besteht darin, nur die Fakten und Belege anzuerkennen, die zu dem eigenen Konstrukt passen. Widersprüche dagegen werden als Vernebelung oder falsche Fährte abgetan. Damit die „Wahrheit" widerspruchslos sichtbar bleibt, finden andere Sichtweisen keine oder kaum Berücksichtigung. Verschwörungstheorien sind über die Maßen glatt, eindeutig und einseitig.

Dabei kleiden sich Verschwörungstheorien häufig in ein wissenschaftliches Gewand und versuchen durch eine übertrieben wissenschaftliche Form zu überzeugen, indem sie eine übermäßige Fülle von Fußnoten, Zitaten, Links enthalten, die jedoch oft einer genaueren Prüfung nicht standhalten und auf unglaubwürdige Seiten verweisen.

Zum *debunking* einer Verschwörungstheorie gehört die Überprüfung der inhaltlichen Richtigkeit und das Entlarven von sachlichen Fehlern. Verschwörungstheorien enthalten sachliche Fehler, verdrehen Tatsachen oder lassen wichtige Fakten unberücksichtigt. Im Internet beschäftigen sich zahlreiche Seiten mit dem *debunking*. Verschwörungstheorien betrachten voller Misstrauen die Welt, welche sie in Gut und Böse bzw. in Schwarz und Weiß aufteilen. Sie geben zwar vor, beschreibende Texte zu sein, die Antworten auf Fragen geben, gehen aber von vorneherein von der Existenz der Verschwörung aus. Deshalb berücksichtigen sie kaum Kontroversen oder Gegenpositionen, ein Abwägen von Argumenten oder das Eingestehen von Unsicherheiten findet nicht oder nur oberflächlich statt. Stattdessen greifen Verschwörungstheorien oft auf das Mittel der Gegenüberstellung und des Vergleichs zurück.

Sehr häufig lassen sich Verschwörungstheorien an ihrer Sprache und ihrem sehr wertenden Sprachgebrauch erkennen. Eine wie auch immer geartete Schuld wird den „Anderen“ zugeschoben, die in diesem Zusammenhang oft angegriffen und verunglimpft werden.

Die Beantwortung der Frage, was wäre, wenn die Verschwörung wahr ist, deckt die extremistischen Implikationen und die radikale Ideologie einer Verschwörungstheorie auf. Man kann auf diese Weise zeigen und beurteilen, wie (un)wahrscheinlich der mit einer Verschwörungstheorie verbundene „große Plan“ ist.

Eine Verschwörungstheorie lässt sich oft nicht vollends wissenschaftlich-akademisch widerlegen, da Verschwörungstheorien keine wissenschaftlich überprüfbaren Texte, sondern Glaubenssache sind. Die Anhängerinnen und Anhänger können sich daher einer rational-wissenschaftlichen Diskussion entziehen.

Schließlich könnte man die Überprüfung einer Verschwörungstheorie durch eine KI durchführen. Gibt man etwa bei ChatGPT Texte von Verschwörungstheorien ein, um sie auf ihre inhaltliche und sachliche Richtigkeit zu überprüfen, ist jedoch nicht immer mit eindeutigen Antworten zu rechnen, da das Programm manchmal nicht zwischen orthodoxen und heterodoxen Ausführungen unterscheidet. Man kann sich also nicht darauf verlassen, dass eine KI eine Verschwörungstheorie eindeutig erkennt. Aus diesem Grund wurde dieses Vorgehen nicht in die obige Liste aufgenommen. Freilich entlarvte die KI bei vielen Versuchen Verschwörungstheorien als Verschwörungstheorien und erklärte sie für inhaltlich und sachlich falsch. ChatGPT oder andere KI erweisen sich als naheliegende, oft auch zuverlässige, wenngleich mit kritischem Verstand zu nutzende Instrumente im Umgang mit Verschwörungstheorien.

Entwurf eines *debunking* einer Verschwörungstheorie über die angebliche „Jahrhundertlüge Spanische Grippe"

Im Folgenden untersuche ich exemplarisch eine Verschwörungstheorie über angebliche Impfschäden verursacht durch angebliche Impfungen im Kontext der Spanischen Grippe. Der Titel des Textes zu dieser Verschwörungstheorie ist: „Jahrhundertlüge Spanische Grippe". Er erschien am 29.8.2021 auf der Internetseite https://www.zentrum-der-gesundheit.de/bibliothek/sonstige-informationen/weitere-informationen/spanische-grippe (aufgerufen am 24.3.2023). Auf dieser Seite wird behauptet, dass die Spanische Grippe ein willentlich herbeigeführter gigantischer Impfschaden sei.

Diese Verschwörungstheorie habe ich ausgewählt, weil in ihr ein historisches Ereignis aufgegriffen und für die eigenen gegenwärtigen Zwecke und Positionen (Impfgegner) verfälscht wird. Die ohnehin fragwürdige Haltung der Impfgegner wird durch eine Geschichtsfälschung untermauert. Die Verschwörungstheorie über den angeblichen Zusammenhang von Spanischer Grippe und Impfschäden findet sich auf zahlreichen weiteren Internetseiten und wurde besonders während der Corona-Pandemie verbreitet. Dieses Thema eignet sich für den Geschichtsunterricht oder historisch-politischen Unterricht ab ca. Jahrgangsstufe 10, weil es ohne Einbindung in größere historische Zusammenhänge oder Unterrichtseinheiten von den Schülerinnen und Schülern unter Anleitung selbstständig erschlossen werden kann, ohne dass die Analyse sie überfordern dürfte. Allerdings ist ohne Vorwissen die Verfälschung nicht auf Anhieb zu erkennen, mit dem entsprechenden Hintergrundwissen ist die Verschwörungstheorie leicht zu widerlegen. Daher eignen sich Thema und Material für eine mögliche Form des *debunking* im Unterricht.

Ergebnisse der Analyse zum Text „Jahrhundertlüge Spanische Grippe"

1. *Herkunft/Quelle*: Der Text ist auf der Homepage des „Zentrums für Gesundheit" erschienen. Sie gehört zu der Luzerner Firma Neosmart Consulting AG. Als Erscheinungsdatum wird der 29.8.2021 angegeben, aktualisiert wurde der Text am 23.1.2023. Ein Autor wird nicht genannt, das Zentrum für Gesundheit zeichnet sich für den Text verantwortlich.

Auf den ersten Blick scheint die Quelle vertrauenswürdig zu sein. Recherchiert man allerdings das Zentrum für Gesundheit und die Firma Neosmart Consulting AG, findet man schnell verschiedene Berichte und Kommentare, die die Seite und Firma als unseriös bezeichnen, da sie alternative Heilmethoden und Naturheilverfahren wie Homöopathie und Akupunktur propagiert und oft Studien falsch oder verkürzt darstellt. Zudem fällt die zahlreiche Werbung für oft zweifelhafte Produkte auf, die in einem engen Kontext mit den Artikeln auf der Internetseite stehen. Die Angaben auf den Seiten des Zentrums für Gesundheit sind also als nicht glaubwürdig zu erachten.

Mögliche Links über das Zentrum der Gesundheit für den Unterricht (aufgerufen am 24.3.2023):
https://www.quarks.de/podcast/science-cops-der-fall-zentrum-der-gesundheit/
https://www.deutschlandfunk.de/fake-news-zur-gesundheit-von-korallensalz-bis-kurkuma-100.html
https://www.salonkolumnisten.com/scharlatane-im-netz/
https://www.psiram.com/de/index.php/Gesellschaft_f%C3%BCr_Ern%C3%A4hrungsheilkunde (mit weiteren Links)

2. *Präsentation des Textes*: Der Text wird auf der Internetseite sehr professionell angeboten. Die Gestaltung ist lesefreundlich. Zitate werden hervorgehoben und so vom übrigen Text unterschieden. Die Lesezeit wird mit sechs Minuten angegeben. Die Links funktionieren. Der Text wird allerdings mehrfach von Werbung unterbrochen und flankiert.

3. *Inhalt*: Die Hauptaussagen in dem Text sind:

- Die Spanische Grippe hat ihren Ursprung in den USA, was wegen der Pressezensur des Krieges verschwiegen wurde.
- In Spanien wütete die Spanische Grippe sehr heftig und wurde daher nach Spanien benannt.
- Die Augenzeugin Eleanora McBean behauptet, dass nur gegen Pest, Typhus, Lungenentzündung, Pocken Geimpfte an der Spanischen Grippe erkrankten, wer nicht geimpft war, erkrankte nicht.
- McBean behauptet weiter, dass naturheilkundliche Krankenhäuser Heilungsraten von fast 100 Prozent besaßen.
- Es werden mit Ingri Cassel, Patrick Carroll, H. M. Sheldon weitere Gewährsmänner für die These genannt und zitiert, dass die Spanische Grippe ein Impfschaden gewesen ist. Diese zitieren zwar weitere Impfgegner, aber es werden im Text keine Gegenargumente aufgeführt.
- Es werden fünf Ungereimtheiten aufgezählt:
  (1) Verschweigen der Spanischen Grippe nach dem Abklingen der Pandemie durch die Ärzte, die als schuldig für die Ausbreitung der Spanischen Grippe durch ihre Impfungen angesehen werden.
  (2) Gleichzeitiger Ausbruch der Grippe an weit auseinanderliegenden Orten.
  (3) Symptome der Spanischen Grippe ähneln möglicher Wirkung von Impfungen.
  (4) Die Spanische Grippe war nicht ansteckend.
  (5) Erst die Nachahmung einer Impfung – durch Injektionen von bearbeiteten Körperflüssigkeiten bereits Erkrankter – führte zur Erkrankung der Versuchspersonen.
- Die meisten Menschen starben nicht am Grippevirus, sondern an einer bakteriellen Lungenentzündung.

- Die Spanische Grippe wird als globales Impf-Desaster bezeichnet.

4. *Personen*: Es werden die zahlreichen Opfer der Spanischen Grippe erwähnt (50 Millionen). Als Schuldige werden die Ärzte (Schulmediziner) ausgemacht, die durch ihre Impfungen für den Ausbruch verantwortlich seien und die Erkrankungen verursacht hätten. Naturheiler und Alternativmediziner werden als positive Figuren und wissende Mediziner dargestellt, die über das angebliche Impf-Desaster aufklären.

5. *Argumentationsweise und Sprache*: Die Argumentation ist einseitig und repräsentiert eine Schwarz-Weiß-Sicht, bei der die Mediziner und Regierungen die schwarzen, die Impfgegner, Alternativmediziner und Naturheilkundler die weißen Schafe darstellen. Es wird nur der Argumentationsgang verfolgt, der belegen soll, dass die Spanische Grippe durch Impfungen geschah. Die Argumentation stützt sich auf Einzelaussagen von voreingenommenen Naturheilkundlern und Impfgegnern und nicht auf wissenschaftliche Studien. Dass die Schulmedizin und Wissenschaft diese Behauptung nicht teilt, wird knapp erwähnt, aber nicht argumentativ ausgelotet. Die studierten Ärzte werden abgewertet und als schuldig verurteilt.

Widersprüchlich ist in dem Text vieles. So beispielsweise die Vorstellung, dass auf einmal so viele Impfdosen weltweit tödliche Folgen haben können (sie werden schließlich nicht an einem Ort produziert). Auch wird das Interesse der Staaten und der Mediziner an der Verabreichung der tödlichen Impfungen nicht deutlich. Warum sollte man so viele Menschen töten wollen? Die Wortwahl ist größtenteils sachlich. Auffällig wertend ist vor allem das Wort „Jahrhundertlüge" in der Überschrift.

6. *Umgang mit den Quellen*: Die Links führen zum einen zu Seiten, die die gleichen Aussagen wie der Artikel zitieren und damit Kopien, aber keine Quellen darstellen, zum anderen wird auf Werke der Alternativmediziner und Impfgegner verwiesen. Die Wahl der Quellen ist wie der Text einseitig und nicht ausgewogen. Sie repräsentiert nicht den Stand der Forschung.

7. *Überprüfen der inhaltlichen Richtigkeit*: Sämtliche Aussagen berufen sich auf Impfgegnerinnen und Impfgegner. Die Aussagen Ingri Cassels, vorgestellt als „Director of Vaccination Liberation in Spirit Lake/USA“, sind nicht aussagekräftig, da eingestanden wird, damals nicht zwischen den verschiedenen Krankheiten unterscheiden zu können. Die von ihm angeführte Zeugin Annie Riley Hale ist insofern unglaubwürdig, da sie ihr Buch nicht als wissenschaftliche Studie, sondern als erklärte Impfgegnerin und Naturheilerin veröffentlichte (vgl. https://en.wikipedia.org/wiki/Annie_Riley_Hale). Auch Herbert M. Shelton ist als Naturheilkundler und Alternativmediziner mehr als umstritten gewesen, er wurde als Quacksalber bezeichnet und mehrfach wegen unsachgemäßer Behandlungen angeklagt (vgl. https://en.wikipedia.org/wiki/Herbert_M._Shelton).

Geht man auf Seiten, die die Behauptung überprüfen, dass die Spanische Grippe eine Folge von Impfungen sei, erhält man folgende Informationen:

- Auslöser der Spanischen Grippe war ein H1N1-Virus.
- 1918 gab es noch keine Grippe-Impfung.
- Alle Bevölkerungsgruppen waren von der Grippe betroffen; nicht nur, sondern auch Geimpfte.
- Impfstoffe können allenfalls grippeähnliche Symptome hervorrufen, aber keine schweren Erkrankungen.
- Dass viele Menschen an einer sekundären bakteriellen Lungenentzündung in Folge der Spanischen Grippe starben, hängt nicht mit Impfungen, sondern mit anderen Vorerkrankungen zusammen.

Links für den Faktencheck sind (aufgerufen am 24.3.2023):

- https://dpa-factchecking.com/austria/210517-99-632752/
- https://correctiv.org/faktencheck/2020/12/04/es-gab-keinen-impfstoff-gegen-die-spanische-grippe-1918-daher-konnte-niemand-an-einer-impfung-sterben/
- https://correctiv.org/faktencheck/2022/01/03/nein-die-spanische-grippe-wurde-1918-nicht-durch-impfungen-gegen-andere-krankheiten-hervorgerufen/

Die in dem Artikel vertretenen Behauptungen halten einer Überprüfung nicht stand. Gleiches gilt für die Ungereimtheiten:

(1) Dass die Ärzte sich nicht weiter über die Spanische Grippe geäußert haben, kann mit den Herausforderungen der Nachkriegszeit begründet werden. Es gab andere und dringendere Probleme und Aufgaben.
(2) Dass ein pandemischer Virus an mehreren Orten gleichzeitig auftreten kann, haben wir während der Corona-Pandemie mehrmals erfahren dürfen.
(3) Kann zutreffen, sagt aber nichts aus.
(4) Trifft erwiesenermaßen nicht zu.
(5) Die Aussage macht keinen Sinn, da noch nicht gegen Grippe geimpft wurde/werden konnte.

8. *Was wäre, wenn die Behauptungen wahr wären?*: Wir dürften uns dann weder impfen lassen, noch unseren studierten Ärztinnen und Ärzten, noch den Regierungen trauen. Wenn die Behauptung wahr wäre, dann hätten die Ärzte durch die Impfungen weltweit den größten Massenmord verübt. Gedeckt und gefördert wäre dieser Massenmord durch die damaligen Regierungen. Dieses Szenario ist jedoch nicht nur sachlich falsch, sondern auch extrem unwahrscheinlich.

9. *Welche Ziele werden mit der Veröffentlichung verfolgt?*: Hinter der Veröffentlichung steckt das Ziel, Angst vor Impfungen – besonders einer Corona-Impfung – zu schüren und die anerkannte Schulmedizin zugunsten dubioser Naturheilverfahren zu diskreditieren. Die Bevölkerung soll bewusst verunsichert werden. Nicht nur zufällig finden sich ähnliche impfkritische Artikel und zahlreiche Werbung für Naturheilprodukte auf der Homepage. Es wird so eine Filterblase erzeugt. Eine ausgewogene historische Aufklärung über die Spanische Grippe ist nicht Ziel dieses Artikels, der in allen Bereichen die typischen Merkmale einer Verschwörungstheorie aufweist.

Untersuchung einer Verschwörungstheorie durch einen Chatbot

Überprüfung inhaltlichen Richtigkeit durch einen Chatbot: Folgendes schrieb der Chatbot ChatGPT über die Richtigkeit des Textes „Jahrhundertlüge Spanische Grippe“: „Der

Text behauptet, dass die sogenannte Spanische Grippe von 1918 in Wirklichkeit durch Massenimpfungen verursacht worden sei und dass nur geimpfte Menschen an dieser Grippe erkrankt seien. Diese Aussagen sind nicht korrekt und wissenschaftlich widerlegt. Es ist wahr, dass die Spanische Grippe ihren Namen aufgrund der Pressezensur während des Ersten Weltkriegs erhielt und ihren Ursprung in den USA hatte. Es ist auch wahr, dass viele Menschen an der Spanischen Grippe gestorben sind. Es gibt jedoch keine wissenschaftlichen Beweise dafür, dass die Grippe durch Massenimpfungen verursacht wurde. Im Gegenteil, die Spanische Grippe wurde durch das Influenza-Virus H1N1 verursacht, das in der Bevölkerung weit verbreitet war und sich schnell verbreiten konnte, weil die Menschen damals keine Immunität gegen dieses Virus hatten. Es ist auch falsch zu behaupten, dass nur geimpfte Menschen an der Spanischen Grippe erkrankt seien. Tatsächlich war die Grippe für alle Menschen ansteckend, unabhängig davon, ob sie geimpft wurden oder nicht. Die Aussage, dass Naturheilkundige Heilungsraten von fast 100 Prozent erzielt haben, während ein Drittel der Grippefälle in der Schulmedizin verstarben, ist ebenfalls nicht belegt und daher nicht korrekt. Insgesamt ist der Text falsch und enthält keine wissenschaftlich fundierten Informationen über die Spanische Grippe."

Wie in vielen Verschwörungstheorien wird auch in dem Text über die „Jahrhundertlüge Spanische Grippe" die Verschwörung nicht offen dargelegt, sondern allenfalls angedeutet. Zu unglaubhaft wäre allerdings auch die Behauptung, dass ein Zusammenschluss von Tausenden Ärzten, die im Auftrag verschiedener Regierungen unterschiedlicher politischer und dabei durchaus verfeindeter Staaten handeln, durch Impfungen bewusst den Tod von ca. 27–50 Millionen Menschen herbeiführen. Diese Konsequenz der Aussagen des Textes muss man sich erst erschließen, ist sie einem bewusst, wird die Absurdität der Behauptungen über die „Jahrhundertlüge Spanische Grippe" deutlich.

Hinweise zur Unterrichtsgestaltung

Für den Unterricht wird vorgeschlagen, dass die Schülerinnen und Schüler zunächst den Text lesen, seinen Inhalt erfassen und im Unterrichtsgespräch ein offener Austausch erfolgt. Dabei sollten erste Eindrücke, wesentliche inhaltliche Aussagen und erste Einschätzungen über die Glaubwürdigkeit geäußert werden. In einem zweiten Schritt untersuchen die Schülerinnen und Schüler in kleinen Gruppen den Text und wenden dabei die Schritte an, die erforderlich sind, um eine Verschwörungstheorie zu dechiffrieren (*debunking*). Die Lernenden greifen dabei nicht nur auf den Text und die Hinweise zurück, sie sollten darüber hinaus einen Zugang ins Internet haben, um Nachforschungen in Form eines Faktenchecks anzustellen. Die Lehrkraft gibt in dieser Phase den Schülerinnen und Schülern Feedback und verweist auf geeignete Internetseiten, um die Behauptungen zu überprüfen.

In der Präsentation stellen die Schülerinnen und Schüler die herausgearbeiteten Ungereimtheiten, die einseitige Darstellung und sachlichen Fehler vor. In der Diskussion setzten sie sich insbesondere mit der Unwahrscheinlichkeit der Verbreitung der Spanischen Grippe durch Impfungen und mit dem Ziel der Veröffentlichung des Artikels auseinander (Verunsicherung der Leserinnen und Leser, Schüren von Ängsten vor Impfungen, Ausspielen von naturheilkundlichen Verfahren gegenüber der Schulmedizin). Gemeinsam mit den Schülerinnen und Schülern sollte die Lehrkraft schließlich erläutern und zusammenfassen, dass der Artikel typische Merkmale einer Verschwörungstheorie aufweist und dass die Hinweise zum *debunking* helfen, auch andere Verschwörungstheorien zu dechiffrieren.

Literatur

Alt, Christian/Schiffer, Christian (2018): Angela Merkel ist Hitlers Tochter. Im Land der Verschwörungstheorien. 2. Aufl. München: Carl Hanser.

Amadeu Antonio Stiftung (Hg.) (2018): „REICHSBÜRGER" und Souveränisten. Basiswissen und Handlungsstrategien. 2., vollständig überarbeitete Auflage. Berlin (abrufbar unter: https://www.amadeu-antonio-stiftung.de/wp-content/uploads/2019/04/Reichsbuerger_Internet.pdf.)

Anonym: Spanische Grippe – Eine Jahrhundertlüge, in: https://www.zentrum-der-gesundheit.de/bibliothek/sonstige-informationen/weitere-informationen/spanische-grippe (veröffentlicht am 29.8.2021)

Anton, Andreas/Schetsche, Michael (2020): Vielfältige Wirklichkeiten. Wissenssoziologische Überlegungen zu Verschwörungstheorien, in: Stumpf, Sören/Römer, David (Hg.): Verschwörungstheorien im Diskurs. Weinheim: Beltz Juventa, S. 88–115.

Barkun, Michael (2013): A Culture of Conspiracy. Apocalyptic Visions in Contemporary America. 2. Aufl. Berkeley, Los Angeles, London: California Press.

Blume, Michael (2019): Warum der Antisemitismus uns alle bedroht. Wie neue Medien alte Verschwörungstheorien befeuern. Ostfildern: Patmos.

Butter, Michael (2018): „Nichts ist, wie es scheint." Über Verschwörungstheorien. Frankfurt/M.: Suhrkamp.

Carius, Alexander/Welzer, Harald/Wilkens, Andre (Hg.) (2016): Die offene Gesellschaft und ihre Freunde. Frankfurt/M.: Fischer.

dpa/Tagesspiegel (2021): Luisa Neubauers Klärungsversuch: „Dass Herr Maaßen selbst ein Antisemit ist, habe ich nicht gesagt", in: https://www.tagesspiegel.de/politik/luisa-neubauers-klaerungsversuch-dass-herr-maassen-selbst-ein-antisemit-ist-habe-ich-nicht-gesagt/27185004.html (veröffentlicht am 13.5.2021).

Duwe, Sivio/Pohl, Markus (2021): Verfassungsschützer über Maaßen: „Klassische antisemitische Stereotype", in: https://www.tagesschau.de/investigativ/kontraste/maassen-antisemitismus-101.html (veröffentlicht am 3.6.2021).

Eco, Umberto (2013): Die Geschichte der legendären Länder und Städte. Aus dem Italienischen von Martin Pfeiffer und Barbara Schaden. München: Hanser.

Evans, Richard J. (2021): Das Dritte Reich und seine Verschwörungstheorien. Wer sie in die Welt gesetzt hat und wem sie nutzen – Von den „Protokollen der Weisen von Zion“ bis zu Hitlers Flucht aus dem Bunker. München: Deutsche Verlags-Anstalt.

Gautschi, Peter (2011): Guter Geschichtsunterricht. Grundlagen, Erkenntnisse, Hinweise. 2. Aufl. Schwalbach/Ts.: Wochenschau.

Götz-Votteler, Katrin/Hespers, Simone (2019): Alternative Wirklichkeiten? Wie Fake News und Verschwörungstheorien funktionieren und warum sie Aktualität haben. Bielefeld: transcript.

Hagemeister, Michael (2004): Die jüdische Weltverschwörung, in: Reinalter, Helmut (Hg.): Typologien des Verschwörungsdenkens. Innsbruck, Wien, München, Bozen: Studienverlag, S. 89–99.

Hagemeister, Michael (2020a): Die Protokolle der Weisen von Zion. Der Mythos der jüdischen Weltverschwörung, in: Stiftung Kloster Dalheim (2020), S. 56–62.

Hagemeister, Michael (2020b): Die „Weisen von Zion“ als Agenten des Antichrists, in: Kuber/Butter/Caumann/Grewe/Großmann (2020), S. 139–153.

Hofer, Walther (Hg.) (1985): Der Nationalsozialismus. Dokumente 1933–1945. Frankfurt/M.: Fischer.

Illig, Heribert (2005): Das erfundene Mittelalter. Die größte Zeitfälschung der Geschichte. 8. Aufl., Berlin: Ullstein 2005.

Impelmanns, Katharina (2020): Im Netz der Verschwörungstheorien. Verschwörungstheorien im 21. Jahrhundert, in: Stiftung Kloster Dalheim (2020), S. 84–90.

Koopmann, Christoph (2021): Antisemitismus-Vorwürfe: Neubauer, Maaßen und fehlende Belege, in: https://www.sueddeutsche.de/politik/neubauer-maassen-antisemitismus-1.5291981 (veröffentlicht am 11.5.2021).

Kuber, Johannes/Butter, Michael/Caumanns, Ute/Grewe, Bernd-Stefan/Großmann, Johannes (Hg.) (2020): Von Hinterzimmern und geheimen Machenschaften. Verschwörungstheorien in Geschichte und Gegenwart. Stuttgart: Akademie der Diözese Rottenburg-Stuttgart.

Marschall, Christoph von (2021): Ist CDU-Kandidat Maaßen ein Antisemit? Was Neubauer bei Anne Will sagte und was sie jetzt sagt, in: https://www.tagesspiegel.de/politik/ist-cdu-kandidat-maassen-ein-antisemit-was-neubauer-bei-anne-will-sagte-und-was-sie-jetzt-sagt/27191944.html (veröffentlicht am 14.5.2021)

Mayer, Ulrich/Gautschi, Peter/Bernhardt, Markus (2012): Themenbestimmung im Geschichtsunterricht der Sekundarstufen, in: Barricelli, Michele/Lücke, Martin (Hg.): Handbuch Praxis des

Geschichtsunterrichts. Bd. 1. Schwalbach/Ts.: Wochenschau, 378–404.

Mischer, Carolin (2020): Verschwörungstheorien. Die Theorie hinter der Theorie, in: Stiftung Kloster Dalheim (2020), S. 10–18.

Pandel, Hans-Jürgen (2013): Geschichtsdidaktik. Eine Theorie für die Praxis. Schwalbach/Ts.: Wochenschau.

Peters, Jelko (2017): Verführerische Kohärenzen jenseits des Faktischen. Über die Notwendigkeit, Verschwörungstheorien im Geschichtsunterricht zu dechiffrieren, in: Fenske, Uta/Groth, Daniel/Weipert, Matthias (Hg.): Grenzgang – Grenzgängerinnen – Grenzgänger. Historische Perspektiven. Festschrift für Bärbel P. Kuhn zum 60. Geburtstag. St. Ingbert: Röhrig 2017, S. 293–301.

Peters, Jelko (2019): „Eigentlich dürfte man sie keines Wortes würdigen." Verschwörungsmythen zum 11. September 2001 im Geschichtsunterricht, in: Ministerium für Kultus, Jugend und Sport Baden-Württemberg, Landeszentrale für politische Bildung Baden-Württemberg (LpB), Zentrum für Schulqualität und Lehrerbildung (ZSL) (Hg): Wahrnehmen – Benennen – Handeln. Handreichung zum Umgang mit Antisemitismus an Schulen. Stuttgart, S. 110–115. https://www.lpb-bw.de/publikation3469.

Peters, Jelko (2020): „Das stimmt nicht, was in dem Geschichtsbuch steht". Verschwörungstheorien als Herausforderung für den Geschichtsunterricht, in: Kuber/Butter/Caumann/Grewe/Großmann (2020), S. 205–218.

Rathje, Jan (2020): Die Hypertext Transfer „Protokolle der Weisen von Zion". Zur aktuellen Reproduktion antisemitischer Verschwörungsideologien im Internet, in: Kuber/Butter/Caumann/Grewe/Großmann (2020), S. 189–204.

Rüsen, Jörn (2008): Historisches Lernen. Grundriss einer Theorie, in: Ders.: Historisches Lernen. Grundlage und Paradigmen. 2., überarbeitete und erweiterte Aufl., Schwalbach/Ts.: Wochenschau, S. 70–114.

Scharloth, Joachim/Obert, Josephine/Keilholz, Franz (2020): Epistemische Positionierungen in verschwörungstheoretischen Texten. Korpuspragmatische Untersuchung von epistemischer Modalität und Evidentialität am Beispiel der Holocaustleugnung, in: Stumpf, Sören/Römer, David (Hg.): Verschwörungstheorien im Diskurs. Weinheim: Beltz Juventa, S. 159–198.

Schawinksi, Roger (2018): Verschwörung! Die fanatische Jagd nach dem Bösen in der Welt. Zürich: NZZ Libro.

Schieffer, Rudolf (1997): Ein Mittelalter ohne Karl den Großen, oder: Die Antworten sind jetzt einfach, in: Geschichte in Wissenschaft und Unterricht 48, S. 611–617.

Skudlarek, Jan (2019): Wahrheit und Verschwörung. Wie wir erkennen, was echt und wirklich ist. Ditzingen: Reclam.

Sternberg, Jan (2021): Klimaaktivistin Neubauer: „Dass Herr Maaßen selbst ein Antisemit ist, habe ich nicht gesagt“, in: https://www.rnd.de/politik/luisa-neubauer-dass-herr-maassen-selbst-ein-antisemit-ist-habe-ich-nicht-gesagt-DQJM5VWS3RCLD-DG6G6KC24MPOE.html (veröffentlicht am 12.5.2021).

Stiftung Kloster Dalheim (Hg.) (2020): Verschwörungstheorien – früher und heute. Begleitbuch zur Sonderausstellung der Stiftung Kloster Dalheim. LWL-Landesmuseum für Klosterkultur vom 18. Mai 2019 bis 22. März 2020. Bonn: bpb.

Walker, Vanessa (2020): Konstruktionen zwischen islamischer Tradition und europäischer Moderne. Über Genese und Bedeutung antisemitischer Verschwörungstheorien im muslimischen Kontext. In: Kuber/Butter/Caumanns/Grewe/Großmann (2020), S. 155–169.

Wippermann, Wolfgang (2010): Top Secret. Die großen Verschwörungstheorien und was dahinter steckt. Freiburg im Breisgau: Herder [zuerst unter dem Titel: Agenten des Bösen. Verschwörungstheorien von Luther bis heute. Berlin: be.bra 2007].

Wittmann, Peter/Frey, Pia (2022): Der Desinformator: 125.000 Verschwörungstheorien zum Selbermachen. Köln: DuMont 2022.